Œuvre de la série « Bâtisseur de Demain »

Ces livres sont publier via le system d'autoédition du site internet marchand de livre « AMAZON » c'est pourquoi les versions dites : « BROCHE » et « E-BOOK » ne sont disponible que sur le site d'Amazon. Les e-books sont aux formats Kindle.

La première trilogie disponible en broché et e-book.

Tome 01 : Un simple citoyen apporte ses réformes au Sénat

Tome 02 : Un Citoyen en Profonde Réflexion : Réformes pour Demain

Tome 03 : Un citoyen à la recherche d'un État efficace

Disponible uniquement en version brocher.

Recueil tome 01 :

Réformes pour l'Avenir : 35 Actions pour Transformer Notre Société

Recueil Tome 01

Réformes pour l'Avenir : 35 Actions pour Transformer Notre Société

Série : Bâtisseurs de demain

Auteur : D'Andrea Gianni

Table des matières

Préface : Une vision collective pour un avenir résilient

Ce recueil s'inscrit dans la continuité de la série, poursuivant une ambition : offrir des solutions concrètes aux défis sociaux, économiques, écologiques et institutionnels de notre époque. Il repose sur une idée fondamentale : l'action publique, pour être efficace, doit être systémique et inclusive, engageant toutes les sphères de la société.

À travers les trente réformes, complétées par cinq initiatives bonus, ce volume explore des territoires variés : de la préservation de nos écosystèmes à la relance économique, en passant par la réforme des institutions politiques et la modernisation de nos infrastructures industrielles. Chaque proposition est conçue pour maximiser son impact tout en répondant aux attentes des citoyens.

Ces réformes partagent une double volonté :

Préparer la France à relever les défis de demain : face au réchauffement climatique, à la compétition internationale et aux transitions technologiques, il est urgent d'agir avec pragmatisme et anticipation.

Garantir un équilibre entre innovation et justice sociale : les bénéfices des réformes doivent être équitablement répartis, qu'il s'agisse des gains économiques, de l'accès à un environnement préservé ou des droits fondamentaux renforcés.

Ce tome se distingue également par une approche transversale. Chaque réforme est pensée non pas comme une entité isolée, mais comme une pièce d'un ensemble cohérent. Par exemple, les initiatives en faveur du recyclage et de l'économie circulaire ne se contentent pas de réduire l'impact environnemental ; elles soutiennent aussi des secteurs industriels locaux, tout en créant des opportunités économiques nouvelles.

Les cinq réformes bonus viennent enrichir cette dynamique, en apportant des perspectives inédites ou en complétant des réformes déjà amorcées. Elles incarnent une capacité d'adaptation permanente et un engagement à explorer de nouvelles idées au service de l'intérêt général.

Enfin, ce tome est un appel à la responsabilité collective. Si ces propositions aspirent à transformer nos cadres institutionnels, elles ne peuvent réussir qu'avec la mobilisation des citoyens, des acteurs économiques, et des pouvoirs publics. Nous devons devenir les artisans d'un avenir où le progrès rime avec durabilité, justice et humanisme.

Que ce livre soit pour vous, lecteur, une source d'inspiration, d'interrogation et d'action. Ensemble, construisons le changement que nous voulons voir émerger.

Introduction

Ma Méthode pour Concevoir des Réformes Citoyennes

1.Pourquoi ces réformes ?

N'étant ni juriste, ni avocat, ni homme politique, l'accès aux informations nécessaires est à la fois simple et complexe. De nombreuses données publiques, comme les textes de loi, les statistiques officielles, ou les rapports, sont disponibles en ligne, surtout sur les sites du gouvernement. Ces ressources sont précieuses, mais leur analyse n'est pas toujours évidente pour un citoyen non-initié. Les textes de loi, par exemple, peuvent être denses et remplis de jargon technique qui rend leur compréhension difficile.

Pour surmonter ces obstacles, j'ai eu recours aux outils modernes, notamment à l'intelligence artificielle. Avec des outils comme ChatGPT, j'ai pu clarifier certains aspects législatifs, approfondir mes recherches, et même tester la formulation de mes propositions. Parfois, je m'inspire aussi des propositions déjà présentées à l'Assemblée ou au Sénat, que je revois et adapte pour en faire ma propre version, souvent avec des modifications pour répondre à des besoins que je juge essentiels mais non couverts. Cette approche me permet de structurer mes idées de manière rigoureuse, en renforçant les éléments existants ou en y apportant une perspective plus pratique.

Bien sûr, je m'assure toujours de croiser les informations et de rester vigilant face aux fausses données, très répandues sur Internet. Cette méthode m'a permis de structurer mes idées de manière rigoureuse et de mieux anticiper les implications de chaque réforme.

2. Tester les réformes via des débats fictifs par IA

Toute réforme doit être testée et débattue pour évaluer son acceptation et anticiper ses effets sur la vie quotidienne des citoyens. Grâce à ChatGPT, j'ai pu simuler des débats politiques en créant des personnages fictifs représentant différents points de vue : un personnage A au profil libéral, un personnage B social, un personnage C écologiste, un personnage représentant la profession et des experts dans le domaine concerner. Ensemble, ces trois perspectives couvrent les intérêts des entreprises et du marché, les aspects sociaux et humains, ainsi que les questions écologiques essentielles pour le bien de notre planète.

Ces débats m'ont permis d'identifier les faiblesses et les points de résistance de chaque proposition, qu'ils soient d'ordre politique ou citoyen. Les objections soulevées par ces personnages fictifs m'ont aidé à affiner mes réformes, en leur donnant plus de nuance et en anticipant les critiques potentielles. L'IA m'a aussi permis de faire des analyses économiques et structurelles à l'échelle nationale, même si elles restent des estimations. C'est un outil précieux pour tester la solidité de chaque réforme, tout en gardant en tête les différents impacts sociaux, économiques et environnementaux.

3.Finalisation et soumission en E-pétition

Après des jours de recherche, de tests, et de débats fictifs, ainsi qu'avec des proches, je compile toutes ces réflexions et idées avec l'aide de l'intelligence artificielle. Cela me permet de créer une version simple et concise de mes propositions à soumettre au Sénat via la e-pétition.

Il est important de noter que les E-pétitions du Sénat français nécessitent 100 000 signatures, ce qui est bien moins que le Référendum d'Initiative Citoyenne (RIC), qui requiert 400 000 signatures. De plus, les e-pétitions peuvent être présentées par un seul individu, ce qui facilite la démarche et permet à chaque citoyen de faire entendre sa voix.

Ecologie

Réforme 01 : Loi sur la protection des forêts et la régulation des coupes rases

Préambule :

La présente loi vise à protéger les forêts françaises en interdisant les coupes rases et en régulant les pratiques de replantation et de gestion forestière afin de préserver la biodiversité et de garantir une exploitation durable des ressources forestières.

Article 1 : Définitions

Pour l'application de la présente loi, les termes suivants sont définis comme suit :

Forêt primaire :

Forêt qui n'a jamais été exploitée ou influencée directement par les activités Humaines.

Forêt ancienne :

Forêt ayant plus de 100 ans et présentant une structure et une biodiversité proches de celles des forêts primaires.

Forêt plantée par l'homme :

Forêt constituée par des plantations d'arbres réalisées par l'homme à des fins de production forestière.

Culture d'arbres :

Ensemble d'arbres plantés dans un but de production rapide, souvent de manière homogène et sans considération pour la diversité des espèces.

Coupe rase :

Abattage de tous les arbres d'une zone forestière en une seule opération.

Coupes d'entretien dites "d'éclaircis" :

Pratiques sylvicoles consistant à retirer certains arbres pour favoriser la croissance des autres et améliorer la qualité de la forêt.

Technique dite : « trogne » :

Une **trogne**, également appelée **arbre têtard**, est une technique de gestion arboricole traditionnelle. Elle consiste à tailler régulièrement un arbre à une certaine hauteur (généralement 1,5 à 3 mètres) pour favoriser la croissance de rejets ou de branches secondaires depuis ce point de coupe.

Utilisations et avantages :

1. **Production de bois** :
   Bois de chauffage, fourrage pour les animaux, ou perches pour des usages agricoles.
2. **Biodiversité** :
   Les trognes offrent un habitat à une grande variété d'espèces animales (oiseaux, insectes, chauves-souris).
3. **Paysage et patrimoine** :
   Typiques des paysages ruraux en Europe, elles jouent un rôle culturel et écologique.

Stabilité :

La coupe régulière empêche l'arbre de devenir trop haut, réduisant ainsi le risque d'arrachement par le vent.

Parcelle de coupe de bois de chauffage :

Parcelle de forêt spécifiquement destinée à la production de bois de chauffage pour usage domestique.

Article 2 : Interdiction des coupes rases

Les coupes rases sont interdites dans toutes les forêts classées comme primaires et anciennes. Seules les coupes d'entretien dites "d'éclaircis" sont autorisées pour assurer la santé et la durabilité des forêts.

Article 3 : Réglementation de la replantation

Première replantation après coupe :

Après une première coupe autorisée, les zones déboisées doivent être replantées principalement avec des conifères.

Deuxième replantation après coupe :

À la coupe suivante, les zones doivent être replantées avec des feuillus pour diversifier la forêt.

Troisième phase de replantation :

Après cette seconde coupe et replantation, la zone doit être replantée de manière à constituer une forêt mixte, interdite de coupe pendant une période de 99 ans. Pendant cette période, seules les coupes d'entretien dites "d'éclaircis" ou « trogne » sont autorisées.

Article 4 : Exemption pour les parcelles de coupe de bois de chauffage

Les parcelles de forêt spécifiquement destinées à la coupe de bois de chauffage sont exemptées de l'interdiction des coupes rases à condition de respecter les critères suivants :

La parcelle doit être clairement délimitée et enregistrée auprès des autorités forestières locales.

La surface totale de la parcelle ne doit pas excéder [superficie à définir, par exemple 5 hectares].

La replantation après coupe doit suivre un plan de gestion durable approuvé par les autorités compétentes, favorisant la diversité des espèces et la régénération naturelle.

Article 5 : Surveillance et application

Le Ministère de la Transition Écologique est chargé de la mise en œuvre et de la surveillance de la présente loi. Il doit :

Réaliser des inspections régulières des forêts pour vérifier la conformité avec la loi.

Publier un rapport annuel sur l'état des forêts et l'application de la présente loi.

Mettre en place un système de sanctions pour les infractions, incluant des amendes et des mesures de restauration écologique.

Article 6 : Incitations et soutien à la gestion durable

Les propriétaires forestiers qui respectent les pratiques de gestion durable définies par la présente loi bénéficieront de subventions et d'incitations fiscales, telles que :

Des crédits d'impôt pour les coûts de replantation et d'entretien.
Des subventions pour des projets de restauration écologique et de biodiversité.

Un accès prioritaire aux programmes de financement public pour la gestion forestière.

<u>**Article 7 : Dispositions transitoires**</u>

Les exploitations forestières en cours au moment de l'entrée en vigueur de cette loi doivent se conformer à ses dispositions dans un délai de cinq ans. Un plan de transition sera établi par le Ministère de la Transition Écologique pour accompagner les propriétaires forestiers dans cette adaptation.

Conclusion

La protection de nos forêts est essentielle non seulement pour préserver la biodiversité, mais aussi pour lutter contre le changement climatique et garantir un avenir durable pour les générations futures. Cette proposition de loi établit un cadre légal clair pour interdire les coupes rases et favoriser des pratiques de gestion forestière responsables et durables. En intégrant des mesures de replantation et en permettant une gestion contrôlée des parcelles de coupe de bois de chauffage, nous pouvons assurer la pérennité de nos forêts tout en respectant les besoins des communautés locales.

Réforme 02 : Encourager l'autoconsommation et le soutien aux petites communes par l'installation de panneaux photovoltaïques recyclés

<u>Objectif de la réforme :</u>

Cette réforme vise à promouvoir l'autoconsommation énergétique et à soutenir les petites communes dans leur transition énergétique. En incitant les citoyens à produire leur propre énergie et en dotant les bâtiments publics de panneaux photovoltaïques, nous pouvons non seulement alléger les factures d'électricité des ménages et des collectivités, mais aussi réduire la pression sur le réseau électrique vieillissant, tout en encourageant l'utilisation de panneaux recyclés.

<u>Encouragement à l'autoconsommation des particuliers :</u>

Pour encourager l'autoconsommation électrique, chaque foyer serait encouragé à installer des panneaux photovoltaïques d'une puissance maximale de deux fois la consommation de base de leur logement. Cette limite permettrait de réduire la dépendance aux fournisseurs d'électricité tout en assurant une production adaptée aux besoins du foyer, allégeant ainsi la charge sur le réseau électrique. Afin de faciliter l'installation pour les petites puissances (inférieures à 1 kW), des panneaux photovoltaïques tout-en-un de type plug-and-play seraient privilégiés, offrant une solution simple et rapide à mettre en œuvre.

Soutien aux petites communes par l'installation de panneaux recyclés sur les bâtiments publics :

Pour les communes de moins de 2 000 habitants, souvent limitées en moyens financiers, l'État prendrait en charge l'installation de panneaux photovoltaïques recyclés ou reconfigurés sur les bâtiments publics tels que les mairies, salles des fêtes, bâtiments associatifs sportifs, casernes de pompiers, et écoles. Ces installations permettraient non seulement de réduire les factures énergétiques des collectivités mais aussi d'assurer un éclairage nocturne minimum pour la sécurité, tout en exploitant des ressources énergétiques locales.

Optimisation de l'éclairage nocturne en faveur de la biodiversité :

Dans ces petites communes, l'éclairage public est souvent éteint la nuit pour des raisons économiques et écologiques, notamment pour protéger la faune nocturne des nuisances lumineuses. La réforme propose la mise en place de lampes LED spéciales dont l'intensité et la couleur peuvent être ajustées plutôt que totalement éteintes, permettant ainsi un éclairage minimum pour les citoyens tout en réduisant l'impact sur les écosystèmes locaux. Des tests seraient nécessaires pour identifier la technologie optimale, capable de répondre aux différents défis d'éclairage et de conservation de la biodiversité.

Encouragement au recyclage et soutien aux ménages à faibles revenus :

Dans un souci de durabilité, cette réforme prévoit d'encourager le recyclage des panneaux photovoltaïques en mettant en place des mesures pour qu'ils puissent être réutilisés ou reconfigurés dans des usines en France. Les ménages à faibles revenus pourraient bénéficier de ces panneaux recyclés pour des installations d'autoconsommation subventionnées par l'État, via des aides de la CAF.

Impact de la réforme :

En facilitant l'installation de panneaux pour les particuliers et les collectivités, cette réforme renforcerait l'indépendance énergétique des citoyens et des communes, allégerait les factures énergétiques, et contribuerait à la sécurité des petites communes. Par ailleurs, elle assurerait un recyclage efficace des panneaux photovoltaïques, réduisant ainsi les déchets tout en stimulant l'économie circulaire en France.

Réforme 03 : Recyclage du cuivre dans les réseaux nationaux

Objectif :

Assurer le recyclage efficace du cuivre lors de la déconstruction et de la maintenance des infrastructures nationales (télécommunications, électricité, transports publics), en considérant le cuivre comme une ressource stratégique nationale pour garantir un accès durable et prévenir une hausse des prix qui pourrait compromettre le développement du pays.

Partie 1 : Obligation de recyclage du cuivre

1. **Exigence légale de recyclage**

Lors de la déconstruction ou de la maintenance des réseaux utilisant du cuivre (télécommunications, électricité, chemins de fer, transports publics), les opérateurs seront tenus de recycler la totalité du cuivre extrait ou remplacé, incluant les opérations de démontage ainsi que les réparations nécessitant le remplacement de câbles.

2. **Obligation de traitement en France et pays voisins**

Le cuivre recyclé doit être traité dans des fonderies situées sur le territoire français ou dans les pays voisins de l'UE, dans la mesure où ces installations respectent des normes environnementales équivalentes. Cette mesure favorise l'économie locale, limite l'empreinte carbone, et garantit des standards de recyclage conformes aux législations française et européenne.

3. Stockage stratégique du cuivre

Les lingots de cuivre recyclés seront stockés comme ressource stratégique nationale dans des entrepôts gérés par l'État, à usage exclusif pour des projets d'importance nationale ou publique (ex : infrastructures d'énergies renouvelables, transports publics). Cette réserve vise à protéger le pays d'une hausse future des prix et d'une dépendance accrue aux importations.

Partie 2 : Mise en œuvre et suivi

1. Création d'un comité de suivi

Un comité composé de représentants de l'État, d'experts en recyclage, d'acteurs du secteur industriel, et de représentants écologistes sera formé pour superviser le processus. Il veillera à ce que les normes de recyclage soient respectées, assurera la transparence des partenariats public-privé (PPP) et formulera des recommandations d'amélioration.

2. Encadrement des Partenariats Public-Privé (PPP)

Les PPP seront supervisés par le comité pour garantir que les contrats incluent des clauses environnementales conformes aux normes écologiques françaises et aux lois nationales. Les objectifs de ces contrats privilégieront les intérêts publics, avec des pénalités en cas de non-respect des clauses environnementales.

3.   Rapports annuels et transparence

Les opérateurs devront fournir des rapports annuels détaillant la quantité de cuivre recyclé et l'usage du cuivre stocké en tant que ressource stratégique. Ces rapports permettront un suivi régulier et transparent pour garantir la traçabilité des matériaux.

Partie 3 : Financement et incitations

1.   Financement par le Livret de Développement Durable et Solidaire (LDDS)

Une partie des fonds du LDDS sera allouée pour soutenir le financement des infrastructures de recyclage, notamment pour aider au développement et à la modernisation de fonderies en France.

2.   Soutien de la Banque Européenne d'Investissement (BEI)

La réforme sollicitera un soutien financier auprès de la BEI pour des projets de développement durable, notamment pour financer des infrastructures de recyclage et les technologies associées.

3.   Émission de Green Bonds

Des Green Bonds seront émis pour permettre aux citoyens et investisseurs privés de participer au financement de cette transition écologique et stratégique, diversifiant ainsi les sources de financement.

4.   Recherche et développement via le Crédit d'Impôt Recherche

Les entreprises investissant dans l'innovation pour améliorer les procédés de recyclage bas carbone bénéficieront d'un crédit d'impôt recherche, encourageant le développement de technologies avancées dans le recyclage du cuivre et d'autres métaux stratégiques.

Partie 4 : Sensibilisation et éducation

1.   Campagnes de sensibilisation

Des campagnes de communication seront menées pour informer le grand public sur l'importance de recycler le cuivre et les avantages économiques et environnementaux de cette démarche.

2.   Promotion de partenariats avec des entreprises de recyclage

Les opérateurs des réseaux nationaux seront encouragés à nouer des partenariats avec des entreprises spécialisées dans le recyclage afin d'optimiser la collecte, le traitement, et la valorisation du cuivre.

Conclusion

En somme, cette réforme propose de faire du recyclage du cuivre une priorité nationale, soutenue par une gestion rigoureuse et un financement équilibré. En mettant en place une stratégie de stockage, des incitations à l'innovation, et un cadre de partenariat public-privé encadré, cette initiative vise à garantir l'accès de la France à une ressource stratégique et à contribuer au développement économique et écologique du pays, tout en protégeant les citoyens contre la volatilité des prix du cuivre.

Réforme 04 : Création d'un Statut de Démontage de Véhicules et de Recyclage des DEEE

Contexte

Le recyclage des véhicules en fin de vie en France est actuellement sous-optimal, entraînant une perte significative de métaux précieux et critiques. Les méthodes de broyage et de fusion sans tri préalable conduisent à un acier de mauvaise qualité, contaminé par des impuretés, et à une dégradation des ressources critiques, notamment avec l'augmentation des véhicules électriques. De plus, le recyclage des équipements électroniques (DEEE) souffre d'une faible récupération des métaux rares et précieux, souvent traité dans des conditions inacceptables à l'étranger.

Objectifs de la Réforme

1. **Optimiser la récupération des métaux critiques :**

Maximiser la récupération de métaux tels que le cuivre, le néodyme, le tantale, l'or et le palladium dans les véhicules et les équipements électroniques en fin de vie.

2. **Promouvoir l'économie circulaire :**

Réduire l'impact environnemental en limitant la dépendance aux ressources minières et en favorisant le réemploi et le recyclage.

3. **Faciliter l'entrepreneuriat** :

Offrir un cadre législatif pour encourager la création de micro-entreprises dédiées au démontage de véhicules et au recyclage des DEEE.

Propositions

1. **Création d'un Statut d'Autoentrepreneur pour le Démontage de Véhicules** :

Établir un statut spécifique pour les micro-entrepreneurs leur permettant de démonter légalement 10 à 20 véhicules par an, sans concurrence avec les casses automobiles, tout en respectant des normes de sécurité et environnementales.

2. **Création d'un Statut pour le Recyclage des DEEE** :

Mettre en place un statut distinct pour le recyclage des déchets d'équipements électroniques, afin de garantir une gestion adéquate et responsable de ces matériaux.

3.   **Facilitation des Démarches Administratives** :

Simplifier les procédures pour la création d'entreprise et la destruction des cartes grises, incluant une plateforme numérique dédiée pour la déclaration et le suivi des demandes.

4.   **Collaboration avec les Casses Automobiles** :

Encourager une coopération entre micro-entrepreneurs et casses automobiles pour garantir la revente des pièces avec une garantie de 3 mois. Cela créera une synergie profitable pour tous les acteurs et assurera la confiance des consommateurs.

5.   **Normes et Réglementations** :

Élaborer des normes claires sur les méthodes de démontage, les types de pièces pouvant être revendues, et exiger des formations pour garantir la qualité et la sécurité du processus.

6.   **Suivi et Évaluation** :

Instituer un système de suivi des quantités de pièces et de métaux récupérés, permettant d'évaluer l'impact économique et environnemental de l'initiative.

7.   **Sensibilisation et Formation** :

Proposer des formations et des ressources d'information pour aider les entrepreneurs à respecter les normes et maximiser la récupération des matériaux.

Estimation des Gains Économiques et Environnementaux

Revenus Potentiels :

Les micro-entrepreneurs pourraient générer des revenus grâce à la revente de pièces et de métaux récupérés, contribuant ainsi à l'économie locale. Avec environ 1,5 million de véhicules mis hors service chaque année, et un potentiel de récupération de 75 % du cuivre, cette initiative pourrait générer jusqu'à **90 millions d'euros** annuels en valeur de métaux récupérés rien que sur le cuivre.

Impact Environnemental :

Cette réforme favoriserait une meilleure gestion des ressources, réduisant les déchets et les émissions de CO_2 liées à l'extraction minière. En réemployant et en recyclant les matériaux, on diminuerait également la nécessité de nouvelles exploitations.

Encouragement à l'Entrepreneuriat :

Les procédures simplifiées et la création de statuts clairs inciteront davantage d'entrepreneurs à s'engager dans des activités de démontage et de recyclage.

Conclusion

Cette réforme vise à instaurer un cadre légal et économique favorable pour le démontage et le recyclage des véhicules en fin de vie, ainsi que pour le recyclage des DEEE. En facilitant l'accès à l'entrepreneuriat, en optimisant les pratiques de recyclage et en garantissant la qualité des pièces revendues, nous pouvons construire un avenir plus, circulaire et responsable en matière de gestion des ressources. Les débats autour de la réforme ont souligné l'importance d'un tel cadre, tant pour l'environnement que pour l'économie locale.

Réforme 05 : Création d'une Licence de Pêche à l'Aimant

Contexte :

La pêche à l'aimant, bien que populaire et bénéfique pour l'environnement, se développe de manière non encadrée en France. Cette activité, qui consiste à retirer des objets métalliques immergés dans les cours d'eau, contribue au nettoyage des rivières et peut même apporter une aide précieuse aux forces de l'ordre en cas de découverte d'armes ou d'objets volés. Cependant, l'absence de réglementation soulève des questions de sécurité, de légalité et de traçabilité des objets récupérés. Les pêcheurs à l'aimant ne reçoivent souvent aucune formation pour gérer des objets dangereux (explosifs de guerre, armes) ou pour informer correctement les autorités en cas de découverte sensible.

Objectifs de la Réforme :

- **Encadrer et Sécuriser l'Activité** : Assurer la sécurité des pratiquants et sensibiliser les forces de l'ordre aux spécificités de cette activité.

- **Quantifier l'Impact Écologique et Sociétal** : Suivre et valoriser l'apport de la pêche à l'aimant en matière de nettoyage des cours d'eau et d'aide aux enquêtes judiciaires.

- **Encourager la Collaboration avec les Autorités** : Offrir aux pêcheurs un cadre pour signaler les découvertes sensibles et faciliter les échanges avec les autorités locales.

Propositions :

1. **Création d'une Licence Obligatoire pour la Pêche à l'Aimant** : Mettre en place une licence qui officialise la pratique et la soumette à des règles de sécurité. Cette licence permettrait aux pêcheurs d'être enregistrés, reconnus et formés, ce qui simplifierait la communication avec les autorités en cas de découverte d'objets suspects ou illégaux.

2. **Formation en Sécurité et Légalité** : Inclure une formation de base obligatoire pour chaque détenteur de la licence, abordant les règles de sécurité, les procédures légales à suivre en cas de découverte d'objets dangereux ou illégaux, et les bonnes pratiques en matière de gestion des déchets.

3. **Signalement des Découvertes Sensibles** : Mettre en place un protocole simplifié de signalement aux forces de l'ordre pour les objets nécessitant une intervention (armes, explosifs, objets volés). La licence inclurait une carte d'identification, facilitant la reconnaissance des pêcheurs à l'aimant par les autorités.

4. Suivi de l'Impact Environnemental et Sociétal : Créer un registre national pour documenter le tonnage de déchets récupérés par les pêcheurs à l'aimant et les objets remis aux forces de l'ordre, permettant ainsi de valoriser leur impact positif pour l'environnement et la société.

5. Encadrement de la Revente des Métaux : Autoriser les pêcheurs licenciés à vendre les métaux récupérés aux ferrailleurs dans un cadre légal, avec la mise en place de justificatifs de vente pour assurer la traçabilité.

Impact Attendu :

- **Sécurisation de la Pratique** : Les pêcheurs bénéficieront d'une formation et seront mieux préparés face aux risques.

- **Valorisation Écologique** : En suivant et en quantifiant les déchets extraits des cours d'eau, la France pourra démontrer l'apport de la pêche à l'aimant dans le nettoyage des rivières et fleuves.

- **Aide aux Forces de l'Ordre** : Grâce au protocole de signalement et au suivi des découvertes, les autorités pourront bénéficier d'une aide informelle mais précieuse dans leurs enquêtes.

- **Traçabilité des Métaux** : La revente encadrée permettra de suivre les matériaux récupérés, évitant ainsi tout usage détourné et assurant une transparence totale.

Conclusion

Cette réforme permettra d'encadrer et de professionnaliser l'activité de la pêche à l'aimant en France. En instaurant une licence, nous sécurisons la pratique tout en optimisant ses impacts écologiques et sociétaux. Cette initiative pourrait même servir de modèle pour d'autres pays cherchant à réguler cette activité en pleine expansion. Cela renforcera le dialogue entre forces de l'ordres, municipalités et pécheurs à l'aimants.

Réforme 06 : Transition vers des Bouteilles en Plastique PET Transparent avec Film Plastique Coloré Détachable

Titre : Loi pour l'Optimisation du Recyclage des Emballages Plastiques (LOREP)

Contexte et Objectifs

Le recyclage des bouteilles plastiques en France est actuellement freiné par l'utilisation de **colorants dans le PET**, qui compliquent le tri et réduisent la qualité des matériaux recyclés. Ces colorants rendent le PET plus difficile à recycler, car les centres de tri peinent à extraire un matériau de qualité. En parallèle, les bouteilles en PET opaque ou coloré génèrent une quantité importante de déchets non valorisés. L'objectif de cette réforme est de :

Éliminer l'utilisation de colorants dans le PET pour faciliter le recyclage et améliorer la qualité du rPET.

Conserver les moules actuels des fabricants, sans imposer une forme uniforme, afin de préserver la flexibilité de conception pour les entreprises.

Remplacer les colorants par des films plastiques détachables, permettant aux entreprises de conserver l'aspect marketing de leurs produits tout en améliorant la recyclabilité des bouteilles.

Augmenter la proportion de matériaux recyclés et réduire les déchets plastiques en France.

Nouvelles Réglementations

Article 1 : Normes obligatoires pour les bouteilles plastiques

À partir du 1er janvier 2026, toutes les bouteilles plastiques vendues en France devront respecter les normes suivantes :

Corps de la bouteille : Obligatoirement en PET transparent, recyclable à 90 % minimum dans les filières actuelles. Les colorants seront interdits dans le corps de la bouteille pour améliorer le processus de recyclage.

Couleurs et motifs : Les couleurs et motifs sur le corps des bouteilles seront interdits. Les éléments visuels seront intégrés via un film plastique détachable. Les entreprises pourront choisir la couleur de ce film, qui restera personnalisable selon leurs besoins marketing.

Films plastiques détachables : Fabriqué en polypropylène (PP) ou polyéthylène (PE), entièrement recyclable. Le film plastique sera facilement détachable par le consommateur grâce à des perforations ou languettes, et compatible avec les technologies actuelles des centres de tri.

Article 2 : Recyclabilité des films plastiques

Les fabricants devront garantir que :

Les films plastiques soient récupérables et valorisables à hauteur de 80 % minimum dans les installations de tri.

Les filières de recyclage des films soient accessibles sur tout le territoire.

Article 3 : Responsabilités des fabricants

Mise en conformité : Les fabricants devront adapter leurs produits à ces normes avant le 1er janvier 2026.

Sanctions : Toute entreprise non conforme s'expose à une amende de 50 000 € par tonne de bouteilles non conformes.

Accompagnement financier : Les entreprises bénéficieront d'un crédit d'impôt sur leurs investissements jusqu'en 2028.

Label Privé et Soutien aux PME

Label Privé : Un label environnemental **créé et promu par les marques** certifiera les produits fabriqués avec du **rPET recyclé localement** (en France). Ce label devra être visible et promu par les entreprises elles-mêmes, qui seront responsables de sa communication. Il garantira que les produits sont fabriqués à partir de **PET recyclé en France**, avec une mention claire sur l'origine du rPET.

Soutien aux PME : Le label pourra être accompagné d'un **fonds de soutien pour les PME,**

finacé par les CITE (Crédits d'Impôt pour la Transition Énergétique). Ce fonds sera destiné aux petites entreprises qui contribuent activement au recyclage du PET et au développement des filières locales de recyclage. Le soutien sera conditionné au respect des normes du label.

Objectif de rPET

Objectif de 10 % de rPET minimum d'ici 2030, avec un suivi régulier pour garantir la progression. Les entreprises pourront dépasser cet objectif, mais un taux minimum de 10 % devra être respecté pour bénéficier du label et des aides.

Bénéfices attendus

Amélioration du recyclage : La proportion de matériaux recyclés passe de 81,5 % à 94 %.

Réduction des déchets non recyclés de 1,85 T à 1,6 T (baisse de 13,5 %).

Valorisation des déchets : Les films plastiques ajoutent un flux supplémentaire de 2,4 T recyclés pour 10 T de bouteilles.

Contribution environnementale : La réforme soutient les objectifs de recyclabilité totale d'ici 2025 en France.

Dispositions Transitoires

Délai d'adaptation : Les fabricants auront jusqu'au 1er janvier 2026 pour se conformer aux nouvelles normes.

Soutien financier : L'État financera jusqu'à 30 % des investissements nécessaires via un fonds de transition écologique pour les entreprises conformes aux nouvelles normes.

Comparaison Avant et Après la Réforme

Aspect	Avant la réforme (10 T actuelles)	Après la réforme (avec films colorés)
PET transparent recyclé	6,3 T	9,0 T
PET coloré recyclé	1,75 T	0 T
Films plastiques recyclés	N/A	2,4 T
Total recyclé	8,15 T	9,4 T

Aspect	Avant la réforme (10 T actuelles)	Après la réforme (avec films colorés)
Total non recyclé	1,85 T	1,6 T

Conclusion

La réforme LOREP met en œuvre des mesures ambitieuses mais réalisables pour révolutionner le recyclage des bouteilles plastiques en France. L'objectif principal est de **ne plus utiliser de colorants dans le PET**, ce qui permettra d'améliorer la recyclabilité des matériaux. Le système des **films plastiques détachables** permettra aux entreprises de maintenir leur image de marque tout en répondant aux impératifs écologiques. En maintenant l'utilisation des **moules actuels**, les entreprises conserveront leur flexibilité sans renoncer à des pratiques durables. Grâce au soutien aux **PME** via les **CITE** et un objectif de 10 % de **rPET minimum d'ici 2030**, cette réforme prépare la France à devenir un leader dans le recyclage des plastiques tout en soutenant une transition économique locale.

Economie

Réforme 07 : Création des "Obligations Citoyennes" pour réduire la dette publique et renforcer la souveraineté financière. *(BONUS)*

Préambule

Face à l'augmentation de la dette publique et à la nécessité de réduire la dépendance de la France vis-à-vis des créanciers étrangers, cette réforme propose la création d'un produit financier accessible et sécurisé, destiné aux citoyens français. L'objectif est double : offrir une alternative d'épargne attractive tout en mobilisant les ressources pour le remboursement de la dette publique.

Article 1 : Création des Obligations Citoyennes

1. **Définition du produit** :

Les "Obligations Citoyennes" sont un placement financier garanti par l'État.

Elles offrent un taux d'intérêt fixe de **2 % net d'impôts**, accessible à tout citoyen français ou résident fiscal.

2.   **Accessibilité** :

Montant minimal de souscription : **100 €**.

Pas de plafond individuel, mais des limites pourront être instaurées en cas de sursouscription pour garantir une répartition équitable.

3.   **Objectifs** :

Réduire la dette publique par le remboursement direct du principal.

Renforcer la souveraineté de la dette française en augmentant la part détenue par des acteurs nationaux.

Article 2 : Gestion des fonds collectés

1.   Les fonds levés par les Obligations Citoyennes seront exclusivement :

Investis dans l'achat d'obligations souveraines françaises existantes, en priorité celles détenues par des créanciers étrangers.

Affectés à la réduction du déficit par le remboursement direct de la dette publique.

2.   **Rendements générés** :

Les rendements des obligations acquises (environ 3 % à 3,5 %) seront répartis comme suit :

2 % pour rémunérer les épargnants.

Le surplus sera directement utilisé pour rembourser le principal de la dette.

Article 3 : Mise en œuvre et gestion

1. **Entité responsable** :

La Caisse des Dépôts et Consignations sera chargée de la gestion des fonds et des placements, sous la supervision de l'État.

2. **Lancement initial** :

Une première émission de **100 milliards d'euros** sera proposée, avec un objectif progressif d'atteindre **1 000 milliards d'euros** mobilisés à moyen terme.

3. **Suivi et transparence** :

Un rapport annuel détaillera :

Les montants collectés et investis.

Les montants remboursés sur la dette publique.

Les gains pour les épargnants.

Article 4 : Communication et mobilisation citoyenne

1. **Slogan** :

La campagne nationale sera articulée autour du slogan :
"La dette nationale, détenue par le peuple : investissez pour la France !"

2. **Information des citoyens** :

Des supports pédagogiques seront diffusés pour expliquer :

Le fonctionnement des Obligations Citoyennes.

Leur impact direct sur la dette et la souveraineté nationale.

Les souscriptions seront possibles via :

Les banques,

Les plateformes en ligne sécurisées,

Les bureaux de poste.

Article 5 : Avantages pour l'État et les citoyens

1.   **Pour l'État :**

Réduction progressive de la charge de la dette grâce à un remboursement partiel du principal.

Renforcement de la souveraineté financière, avec une dette publique majoritairement détenue par des citoyens français.

2.   **Pour les citoyens** :

Une épargne sécurisée, garantie par l'État, avec un rendement attractif (2 % net d'impôts).

Une participation directe à l'effort national pour réduire la dette publique.

Article 6 : Évaluation et ajustement

1.   **Phase pilote** :

La réforme sera lancée pour une durée de **3 ans**, avec une évaluation annuelle.

Les ajustements nécessaires seront apportés en fonction des résultats et des retours des citoyens.

2. **Objectif à long terme** :

Stabiliser la dette publique et réduire le déficit annuel en diminuant la charge d'intérêt et le recours à de nouveaux emprunts.

Conclusion :

Cette réforme représente une mobilisation collective des citoyens français pour renforcer l'indépendance économique du pays tout en bénéficiant d'une épargne sécurisée et rémunératrice. Elle est un levier pour transformer la dette publique en un outil de souveraineté nationale.

Réforme 08 : Ajustement des niches fiscales pour réaliser des d'économies

Dans un souci de responsabilité budgétaire et d'équité fiscale, je propose une réforme de certaines niches fiscales afin de réaliser 2 milliards d'euros d'économies pour les finances publiques. Ces ajustements permettront de maintenir des dispositifs incitatifs tout en réduisant leur coût pour l'État.

Voici les mesures proposées :

1. Réforme des dons aux associations et organismes d'intérêt général

Le taux de réduction d'impôt pour les dons aux associations et organismes d'intérêt général passerait de 66 % à 60 %.

Cette mesure pourrait générer 180 millions d'euros d'économies.

2. Réforme des dons caritatifs

Le taux de réduction pour les dons caritatifs passerait de 75 % à 70 % pour les dons jusqu'à 2 500 €.

Au-delà de 2 500 €, le taux passerait de 66 % à 60 %.

Le plafond pour bénéficier du taux de 70 % serait relevé de 1 000 € à   2 500 €.

Ces ajustements devraient permettre des économies d'environ 500 millions d'euros.

3. <u>Réforme des dons aux partis politiques</u>

Le taux de réduction pour les dons aux partis politiques passerait de 66 % à 50 %.

Le plafond pour ces dons serait fixé à 10 000 € par an et à 5 000 € par candidat.

Cette réforme générerait environ 160 millions d'euros d'économies.

4. <u>Réforme du dispositif Pinel</u>

Le taux de réduction d'impôt pour le dispositif Pinel serait réduit de 12 % à 10 %.

Cela permettrait une économie estimée à 216 millions d'euros.

5. <u>Réforme du dispositif Malraux</u>

Les taux de réduction du dispositif Malraux passeraient de 30 % à 25 % pour les secteurs sauvegardés et de 22 % à 20 % pour les autres zones.

Le plafond des travaux éligibles serait réduit de 400 000 € à 300 000 € sur 4 ans.

Cette réforme générerait environ 50 à 100 millions d'euros d'économies.

6. Réforme du dispositif Madelin (investissements dans les PME)

Le taux de réduction d'impôt pour le dispositif Madelin passerait de 25 % à 20 % pour les investissements dans les PME.

Cette mesure permettrait environ 100 à 200 millions d'euros d'économies.

7. Réforme de la réduction d'impôt pour l'emploi d'un salarié à domicile

Le taux de réduction serait maintenu à 50 % pour les dépenses jusqu'à 15 000 €, et réduirait à 40 % au-delà, dans la limite de 20 000 €.

Cette réforme permettrait environ 50 millions d'euros d'économies supplémentaires.

Conclusion

Ces réformes permettent de concilier soutien à l'économie et réduction des dépenses publiques, tout en préservant les incitations fiscales nécessaires pour les secteurs clés.

Réforme 09 : Proposition de création d'une taxe annuelle pour la détention d'animaux domestiques (Chiens et chats)

Objet de la réforme :

Instaurer une taxe annuelle pour les propriétaires de chiens et de chats en France, permettant de soutenir les communes dans la gestion des infrastructures pour le bien-être animal, ainsi que dans le financement des frais de fourrière et de stérilisation.

1. <u>Montants et plafonds de la taxe (annuelle)</u> :

Pour les chiens : 50 € par an pour les deux premiers chiens, 75 € pour le troisième, 100 € par chien supplémentaire, et 150 € par an pour chaque chien de race dangereuse (catégories 1 et 2).

Pour les chats : 25 € par an pour les deux premiers chats, 40 € pour le troisième, et 50 € par chat supplémentaire.

Plafond annuel de 250 € pour les foyers privés (chiens et chats inclus) et de 300 € pour ceux ayant des chiens de catégorie dangereuse.

2. <u>Exonérations et réductions :</u>

Exonération pour les animaux de la SPA, les associations de refuge, les chiens d'assistance (guides d'aveugles, de soutien émotionnel), et les chats adoptés auprès des associations de protection animale.

Réduction de 50 % pour les chiens de travail (chiens de sécurité, de berger, etc.).

Élevages : Seuls les reproducteurs sont soumis à la taxe, les autres chiens et chats étant exonérés. Les reproducteurs sont taxés selon les barèmes ci-dessus.

Exonération pour les chiots et chatons nés chez des particuliers jusqu'à l'âge de 9 mois.

3. <u>Formation et crédit d'impôt pour les chiens dangereux :</u>

Formation de responsabilisation obligatoire pour les propriétaires de chiens de catégorie dangereuse, avec un crédit d'impôt de 50 % sur le coût de la formation pour encourager les bonnes pratiques.

4. <u>Surtaxe pour les chiens et chats de laboratoire :</u>

Surtaxe de 25 % pour les chiens et chats utilisés dans les laboratoires, avec les fonds reversés au ministère de la Recherche pour soutenir des projets de bien-être animal.

5. <u>Conditions de vente et de déclaration :</u>

Points de vente d'animaux :

Non soumis à la taxe pour les animaux en détention temporaire, mais obligation de déclaration de chaque vente auprès des autorités pour un suivi de traçabilité.

Obligation de déclarer le décès de l'animal avec un certificat vétérinaire.

Sanctions renforcées pour l'abandon, avec des amendes cumulatives pour dissuader et pénaliser l'abandon des animaux de compagnie.

Objectifs de la réforme :

Responsabiliser les propriétaires d'animaux domestiques par une contribution annuelle pour financer le bien-être animal, les infrastructures communales, les frais de fourrière, et les programmes de stérilisation.

Favoriser la protection de la biodiversité et encourager des pratiques responsables, notamment pour les chiens de catégories dangereuses.

Assurer un meilleur suivi des ventes d'animaux domestiques et responsabiliser les propriétaires et vendeurs dans la traçabilité et le bien-être animal.

Conclusion

Cette réforme vise à établir un cadre structuré pour la détention d'animaux domestiques tout en soutenant des initiatives locales destinées à améliorer la qualité de vie des animaux et à réduire leur impact sur l'environnement. Les montants de la taxe sont volontairement bas afin d'habituer les propriétaires à cette nouvelle mesure et de limiter les risques d'abandon. Cela facilite également la mise en place de l'administration nécessaire à son application. Après quelques années une hausse progressive des tarifs pour se mettre aux niveaux de nos voisin Européen comme l'Allemagne ou la Belgique.

Les dégâts causés par les animaux domestiques errants, en liberté ou abandonnés, sont variés et souvent à la charge des collectivités. De nombreuses attaques de loups sont en réalité dues à des chiens errants qui n'ont plus peur de l'homme. Par ailleurs, les chats retournés à la vie sauvage représentent une menace sérieuse pour la biodiversité des forêts, impactant gravement les populations d'oiseaux, de petits reptiles et de rongeurs, sans parler des dommages causés aux poulaillers.

En instaurant cette taxe, nous souhaitons non seulement responsabiliser les propriétaires d'animaux, mais aussi contribuer à la préservation de notre environnement et au bien-être animal. Cette initiative doit être perçue comme un engagement collectif pour un avenir meilleur, où la cohabitation entre les animaux domestiques, la nature et les activités humaines est harmonieuse.

Réforme 10 : Abolition des Pièces de 1 et 2 Centimes d'Euro

Contexte

Les pièces de 1 et 2 centimes d'euro, tout en ayant un rôle historique dans la monnaie européenne, sont aujourd'hui un fardeau économique et écologique. Leur production coûte plus cher que leur valeur faciale et leur circulation génère un gaspillage inutile, tant en termes de ressources matérielles que de coûts logistiques. Leur recyclage est difficile et coûteux en raison de l'alliage de cuivre, d'acier et de nickel dont elles sont composées. Bien que le cuivre soit recyclable, l'extraction de cuivre pur des pièces alliées avec d'autres métaux est complexe et non rentable. De plus, la hausse du prix du cuivre accentue encore la différence entre le coût de production des pièces et leur valeur de recyclage.

Problèmes actuels

L'un des principaux problèmes réside dans le coût de production des pièces de faible valeur, en particulier des pièces de 1 et 2 centimes. Selon les données actuelles, il faut 484 pièces de 1 centime pour obtenir 1 kilogramme de cuivre, alors que 1 kilogramme de cuivre vaut environ 8,5 euros sur le marché international. Ce calcul montre que la production de ces pièces génère un déséquilibre majeur : 1 kg de cuivre peut produire 484 pièces d'une valeur totale de seulement 4,84 euros, bien en deçà du prix du cuivre lui-même.

Calcul illustratif :

Coût de production : Pour produire 484 pièces de 1 centime, il faut 1 kg de cuivre.

Valeur du cuivre : 1 kg de cuivre coûte environ 8,5 euros (en fonction des fluctuations du marché).

Valeur des pièces produites : 484 pièces de 1 centime totalisent 4,84 euros.

Cela signifie qu'une partie importante de la production de ces pièces ne couvre même pas les coûts du matériau brut. En outre, la fabrication de ces petites pièces exige une quantité importante de ressources énergétiques et logistiques, rendant leur émission non seulement coûteuse, mais aussi inefficace sur le plan écologique.

Proposition de réforme :

1. **Suppression des pièces de 1 et 2 centimes** : Ces pièces seraient progressivement retirées de la circulation, comme cela a déjà été fait dans des pays comme l'Italie et la Belgique. Leur valeur serait arrondie au cent supérieur ou inférieur pour les transactions quotidiennes.

2.Pour marquer la dernière année de diffusion des pièces de 1 et 2 centimes, une pièce spéciale pourrait être frappée, exclusivement pour les collectionneurs. Cela permettrait de répondre à l'intérêt des numismates tout en conservant un souvenir tangible de la pièce qui a été supprimée.

Objectifs de la réforme :

Économies substantielles : Réduction des coûts de production, de gestion et de logistique liés à ces pièces.

Optimisation des ressources : Meilleure gestion des métaux précieux comme le cuivre, qui pourrait être réutilisé à des fins plus productives.

Impact écologique positif : Réduction du gaspillage énergétique et matériel associé à la fabrication de pièces de faible valeur.

Simplification du système monétaire : Limitation des pièces inutiles et simplification des transactions quotidiennes pour les citoyens et les commerçants.

Mesures et Mise en Œuvre

1.   **Retrait progressif des pièces de 1 et 2 centimes** : Les pièces seront progressivement retirées de la circulation pendant une période définie, avec un mécanisme d'échange permettant aux citoyens de les restituer à la Banque ou de les échanger contre des billets ou d'autres pièces.

2.	**Arrondissement des prix** : L'arrondi des prix sera systématiquement appliqué dans les transactions en espèces, avec un seuil d'arrondi fixé à 0,05 € (les prix se terminant par 1, 2, 6 ou 7 centimes seront arrondis à 0,05 €, et ceux terminant par 3, 4, 8 ou 9 centimes seront arrondis à 0,00 €).

3.	**Communication et Sensibilisation** : Un plan de communication sera lancé pour informer les citoyens et commerçants de l'importance de cette réforme, de la manière dont l'arrondi fonctionnera, et des avantages qu'elle apporte pour la simplification des transactions quotidiennes.

Conclusion :

L'abolition des pièces de 1 et 2 centimes d'euro représente une réforme pragmatique et bénéfique tant sur le plan économique qu'écologique. En supprimant ces pièces peu utiles et coûteuses à produire, la France pourra simplifier son système monétaire tout en faisant des économies substantielles et en préservant davantage de ressources pour des projets à plus forte valeur ajoutée. La création d'une pièce commémorative offrira un dernier hommage à ces petites pièces tout en facilitant leur retrait du circuit monétaire. Cette réforme représente une étape vers une gestion plus pragmatique des ressources de l'État, alignée avec les enjeux économiques et écologiques du XXIe siècle.

Politique

74

Réforme 11 : Réforme des Retraites pour un système à points

1. <u>Système de Points :</u>

Les points replacent les trimestres, ils n'ont pas de valeurs monétaires. Le nombres de points nécessaires pour prendre sa retraite et réévaluer tous les 2 ans par le parlement après débat en commission sénatoriale.

Acquisitions des Points :

Chaque heure travaillée rapporte des points. Des points bonus sont accordés pour les conditions de pénibilité telles que les heures de nuit, les intempéries, les milieux bruyants, et le port de charges lourdes.

Formation et Transmission :

Les travailleurs qui forment leurs successeurs avant leur départ à la retraite ou qui sont reconnus comme formateurs/métiers de transmission recevront des points bonus.

Heures Supplémentaires :

Calcul des points par tranche de 15 minutes (ex. : 15 minutes = 2 points si 1 heure = 10 points). Les heures supplémentaires donnent également droit à des points bonus.

Secteurs Stratégiques et Sous Tension :

Des points bonus sont accordés par l'État pour les métiers ou secteurs d'activité sous tension et stratégiques (ex. : agriculture, BTP, nucléaire), avec une liste réactualisée tous les 5 ans.

2.   <u>Conditions de Retraite o Sans Âge Minimum :</u>

Pas d'âge minimum pour prendre sa retraite, mais un nombre de points à atteindre fixer par le parlement sur recommandation du sénat tous les 2 ans.

Âge Limite de Travail :

Les travailleurs peuvent continuer à travailler après 65 ans pour accumuler des points supplémentaires, et peuvent cumuler retraite et salaire.

Montant Unique de la retraite d'état :

Le montant de la retraite pour tous est d'environ 75% du SMIC, même en cas de points insuffisants. Ce système remplace également le minimum vieillesse.

3.   <u>Complémentaire   Retraite   o Revalorisation :</u>

La complémentaire retraite est valorisée et devient un argument d'embauche. Les entreprises peuvent cotiser davantage pour offrir une meilleure complémentaire à leurs salariés.

Suppression des Régimes Spéciaux :

Les régimes spéciaux, les différences entre fonctionnaires, cadres et non-cadres sont supprimés. Une complémentaire pour les fonctionnaires doit être crée.

4. <u>Retraite Privée par Capitalisation Encouragement :</u>

Encouragement des classes moyennes et cadres à investir dans des produits financiers pour améliorer leur retraite future (ex. : livret retraite, produits à rendement garanti avec faible risque basé sur des obligations françaises).

5. <u>Sources de Financement :</u>

Séparation dans le budget de la sécu de la part maladie de la retraite afin d'avoir des chiffres clairs du cout social et de la fraude.

CSG :

Augmentation du taux à 7%.

TVA Sociale :

Augmentation des taux de 0.5% à 1% pour avoir une vrais TVA social pour les retraites et non une redistribution de la TVA pour boucler le budget.

Taxe sur Capitalisations :

Taux de 0.5% sur les capitalisations liées aux pensions de retraite.

6. Impact du Lieu de Résidence sur les Taux de Retraite Taux Ajustés :

Les taux de retraite sont ajustés en fonction des points accumulés et du lieu de résidence. Exemple : 100% pour les résidents en France avec 75% ou plus des points, 95% pour les résidents en Europe, 90% pour les résidents hors Europe. Des taux réduits pour ceux ayant moins de points. Le but est de moins financer les économies étrangères via les expatriés à la retraite. Toutefois des taux privilégier peuvent être négocier par des accords d'état à état.

7. Gestion et Administration o Rôle de l'URSSAF et des RH :

Les RH des entreprises comptabilisent les points et les inscrivent sur les fiches de paie, puis les transmettent à l'URSSAF, qui collecte les données.

Contrôle des Fraudes :

Un système de contrôle pour les travailleurs indépendants, artisans et professions libérales, avec des audits réguliers. En cas de fraude, les points accumulés pendant la période liée à l'infraction sont annulés.

8. Financement des Maisons de Retraite et Logements Seniors :

Livret Retraite :

Création d'un livret retraite, similaire au livret A, pour financer les maisons de retraite et logements seniors.

Comparatif avec le Système Actuel

1. Système Actuel o Cotisations :

Les retraites sont financées principalement par les cotisations des travailleurs et des employeurs.

Régimes Spéciaux :

Existence de nombreux régimes spéciaux, fonctionnaires, SNCF, RATP, cadres, non-cadres, etc.

Âge Minimum :

Âge minimum de retraite fixé à 64 ans, avec des ajustements selon les régimes.

Montant de Retraite :

Varie en fonction des régimes et des cotisations versées.

2. <u>Réforme Proposée o Équité et Transparence :</u>

Suppression des régimes spéciaux, introduction d'un système de points unique et transparent.

Flexibilité :

Pas d'âge minimum pour la retraite, possibilité de continuer à travailler après 65 ans l'âge maximum pour accumuler des points supplémentaires.

Montant Unique :

Un montant unique de retraite fixé à 75% du SMIC pour tous, avec ajustements pour les résidents hors de France.

Simplification Administrative :

Utilisation de l'URSSAF et des RH pour la gestion des points, simplifiant les procédures.

Conclusion

La réforme proposée apporte une plus grande équité, transparence et flexibilité par rapport au système actuel. Elle vise à améliorer les conditions de vie des retraités les plus modestes, tout en simplifiant la gestion administrative et en réduisant les inégalités. Les modifications apportées au financement et à la gestion des retraites, ainsi que l'encouragement à l'investissement, sont conçues pour garantir la durabilité et la stabilité du système de retraite à long terme.

Réforme 12 : Politique de Diffusion Cinématographique à Deux Vitesses et Abrogation de la Chronologie des Médias

Contexte

Le paysage cinématographique français est confronté à des défis croissants liés à la chronologie des médias, qui impose des délais surréalistes avant qu'un film ne soit diffusé sur d'autres plateformes. Ce cadre réglementaire entrave l'accès rapide aux œuvres, particulièrement pour les films français et d'auteur, et contribue à l'augmentation du téléchargement illégal. Les spectateurs, frustrés par des délais d'attente prolongés, se tournent souvent vers le piratage, ce qui nuit à l'industrie du cinéma et à ses créateurs.

Objectif Principal

Mettre en place une politique de diffusion à deux vitesses qui abroge la loi actuelle sur la chronologie des médias pour favoriser un accès direct et rapide aux films français, tout en préservant un équilibre avec les productions étrangères. Cette réforme soutiendra également les films écoresponsables par des incitations fiscales.

Propositions de la Réforme

1.   Abrogation de la Chronologie des Médias

La loi de chronologie des médias sera abrogée pour permettre l'adoption de cette nouvelle politique de diffusion.

2.   Délai de Diffusion pour les Films Étrangers

Les films étrangers seront disponibles sur les plateformes de streaming ainsi que sur les chaînes de télévision (TNT, câble, satellite) six mois après la fin de leur exploitation en salle et leur sortie en support physique (DVD, Blu-ray).

3.   Délai de Diffusion pour les Films Français

Les films français bénéficieront d'un délai réduit de trois à quatre mois avant d'être disponibles sur les plateformes de streaming et les chaînes de télévision, afin d'améliorer leur visibilité et l'accès du public.

4.   Mise en Avant des Films Français

Les plateformes de streaming et les chaînes de télévision devront mettre en avant les films français à leur sortie, par le biais de promotions spéciales, de sections dédiées, ou d'une visibilité accrue sur leur interface.

5.   Clause d'Exclusivité

Une clause permettra aux plateformes et chaînes de télévision de bénéficier d'une diffusion en exclusivité des films français si elles participent financièrement à leur production, encourageant ainsi les collaborations entre créateurs de contenu et diffuseurs.

6.   Soutien aux Films Écoresponsables

Instaurer une réduction fiscale pour la production de films écoresponsables, afin d'encourager des pratiques de production durables et de promouvoir le cinéma engagé sur les questions environnementales.

7.   Soutien   à   l'Industrie Cinématographique

Mettre en place un fonds d'aide pour les petites salles de cinéma afin de préserver leur réseau face à la transformation du marché.

Encourager les plateformes à continuer de soutenir la création française par des incitations fiscales.

8.   Suivi et Évaluation

Un comité de suivi sera établi pour évaluer l'impact de cette réforme sur la consommation culturelle, le piratage et la diversité de l'offre. Des rapports d'évaluation seront publiés tous les deux ans pour ajuster la réglementation en fonction des résultats observés.

Conclusion

Cette réforme vise à moderniser le paysage de la diffusion cinématographique en France, en abrogeant la loi actuelle sur la chronologie des médias et en favorisant l'accès rapide aux films français. En soutenant les producteurs et en incitant à la production de films écoresponsables, nous pouvons dynamiser l'industrie tout en garantissant que le public ait accès à une offre culturelle riche et diversifiée, réduisant ainsi l'impact du téléchargement illégal.

Réforme 13 : Réforme des Licences de Taxis : Transition vers les Licences Écologiques (LE)

Contexte et Objectifs de la Réforme :

La présente réforme vise à accompagner la transition écologique du secteur des taxis en France en mettant en place un système de licences de taxi écologiques (licences LE). L'objectif est de réduire l'impact environnemental des taxis en incitant les chauffeurs à adopter des véhicules moins polluants, tout en garantissant une compensation équitable pour les acteurs du secteur. La réforme prévoit une transition progressive avec des mécanismes de contrôle et de régulation adaptés pour limiter la spéculation des licences et garantir une répartition juste des ressources. Réussir cette transition de façon progressive avec des objectifs clair comme 25% du parc en LE pour 2030, 50% pour 2040 et 100% pour 2050.

1.   Création de la Licence Écologique (LE)

Objectif :

La **licence LE** sera délivrée uniquement aux chauffeurs qui utilisent un véhicule respectueux de l'environnement, tels que les véhicules électriques (VE), les véhicules hydrogène ou hybrides rechargeables (VH). Cette licence ne pourra **pas être**

vendue mais sera **transmissible** leurs dans le cas du rachat de l'activité, afin d'éviter toute spéculation.

Critères de la Licence LE :

Le véhicule doit respecter des critères environnementaux stricts, notamment un **niveau d'émissions de CO2 réduit** ou **nul** (véhicules électriques, hybrides rechargeables ou hydrogène).

La licence sera attribuée **gratuitement**, à condition que le chauffeur fournisse la **preuve d'achat** d'un véhicule éligible.

Le transfert d'une licence classique vers une « **LE** » se fera **volontairement** auprès de la préfecture, avec un **système d'enregistrement** des nouveaux véhicules écologiques.

2. Système de Taxation des Licences Classiques :

Taxe sur la Plus-Value de Revente des Licences Classiques :

Une **taxe sur la plus-value** sera instaurée pour limiter la spéculation sur les licences classiques de taxi.

Barème de la taxe : Le taux de cette taxe sera déterminé après **négociation avec les partenaires sociaux** pour être le plus juste possible. Elle sera

progressive en fonction de la plus-value réalisée lors de la revente de la licence (exemple : plus-value faible taxée à un taux réduit, plus-value élevée taxée plus lourdement).

Cette taxe sur la plus-value servira à financer la **compensation pour la restitution des licences classiques** à la préfecture, réduisant ainsi la pression sur le budget départemental ou national.

Répartition des Recettes :

L'argent collecté par la taxe sur la plus-value sera affecté directement à la **compensation** des chauffeurs qui choisissent de **cesser leur activité** en restituant leur licence classique au lieu de la revendre.

3. Compensation pour la Restitution des Licences Classiques :

Principe de la Compensation :

Les chauffeurs de taxi détenant une licence classique et souhaitant cesser leur activité pourront **restituer leur licence à la préfecture.**

En échange, ils recevront une **compensation financière** dont le montant sera **fixé après concertation avec les partenaires sociaux.** Cette compensation sera calculée en fonction de critères tels que la **valeur de la licence**, l'**ancienneté** du chauffeur dans le secteur, et l'**impact écologique** du véhicule.

Modalité de la Compensation :

Le montant de la compensation sera **proportionnel à l'investissement réalisé** par les chauffeurs, permettant de les soutenir lors de leur **reconversion professionnelle** ou de leur passage à des véhicules plus écologiques.

Le financement de la compensation proviendra en partie de la taxe sur la plus-value de la revente des licences classiques.

4. Système de Contrôle des Licences LE :

Objectif :

Mettre en place un système de **suivi numérique** pour garantir que les chauffeurs respectent les normes environnementales et les règles d'exploitation des licences LE.

Mécanisme de Contrôle :

Chaque véhicule LE sera équipé d'un **dispositif numérique** permettant de suivre en temps réel les **trajets**, les **temps d'activité** et les **conditions de conduite**.

Ce système sera conçu pour assurer une surveillance des **conditions de travail** et une conformité aux normes environnementales. Il pourrait également servir à **contrôler les temps de conduite** et à prévenir toute forme de **travail dissimulé** ou d'exploitation abusive. Les données ne pourront être collecté que par les forces de l'ordre l'or de contrôle ou d'enquête judiciaire. Les données sont soumises aux règles du RGPD.

Phase de Test :

Avant d'être généralisé, le système sera testé dans une **ville volontaire** pour une **période d'essai**, afin d'évaluer son efficacité et son acceptabilité auprès des chauffeurs de taxi et des usagers.

5. Transition des Licences Classiques vers les Licences LE :

Volontariat pour la Transition :

Les détenteurs de licences classiques auront la possibilité de **transférer volontairement leur licence** vers le système LE. Ils devront fournir la **preuve d'un véhicule éligible** pour que la transition puisse être validée.

Cette transition sera **gratuite** et pourra donner lieu à une **compensation** en fonction de l'ancienneté de la licence et du type de véhicule.

Pas de Vente des Licences LE :

Les licences LE ne pourront **pas être revendues**. Elles seront strictement **associées** à un véhicule écologique et attribuées aux chauffeurs ayant respecté les critères environnementaux et d'exploitation.

6. Dispositif de Suivi et Évaluation de la Réforme :

Suivi et Évaluation :

Un comité de suivi sera mis en place pour évaluer l'impact de la réforme sur le secteur des taxis, la transition écologique et les aspects sociaux. Ce comité publiera des rapports annuels sur les résultats obtenus.

Des **études de suivi** seront menées pour ajuster les mesures en fonction des **retours d'expérience** des chauffeurs, des usagers et des acteurs du secteur.

Possibilité de Modifications :

Des ajustements pourront être réalisés à partir des résultats obtenus lors de la période d'essai et des retours des partenaires sociaux.

7. Conclusion :

Cette réforme vise à **moderniser** le secteur des taxis en France en le rendant **plus écologique** tout en **soutenant équitablement les chauffeurs** dans la transition vers des véhicules plus respectueux de l'environnement. Les mécanismes de taxation des plus-values, de compensation et de contrôle numérique permettront de garantir une **transition fluide et juste**, tout en **limitant la spéculation** et en encourageant la **création d'une offre de taxis écologiques** de qualité.

Réforme 14 : Révision du système fiscal pour améliorer l'équité

Contexte :

Depuis plusieurs années, le système fiscal français a été sujet à de multiples réformes, dont certaines ont conduit à des **pertes fiscales importantes** ou à un **déséquilibre** dans la répartition des impôts entre les différentes tranches de revenus. Sous la présidence de François Hollande, la tranche à 5 % d'imposition avait été **supprimée**, en complément d'un système de **rabais pour les faibles revenus**. Si cette mesure visait à alléger la charge fiscale des foyers modestes, elle a eu pour conséquence de **réduire considérablement les recettes fiscales de l'État** et d'**inciter à l'optimisation fiscale**, notamment en exploitant les déductions fiscales, ce qui a fait augmenter le nombre de foyers ne payant pas d'impôts.

En parallèle, les **tranches intermédiaires** sont restées relativement élevées, affectant les **classes moyennes** qui, malgré un revenu modeste, doivent supporter un impôt proportionnellement plus élevé. Cette situation a conduit à une **insatisfaction** de nombreux citoyens qui ont l'impression de porter un fardeau fiscal disproportionné, tandis que d'autres, à plus hauts revenus, bénéficient de possibilités d'optimisation.

Le but de cette réforme est de rétablir une **imposition plus juste** tout en **réduisant les inégalités**

fiscales. La réforme vise à augmenter le pouvoir d'achat des foyers modestes et en réduisant la pression fiscale sur les classes moyennes, tout en garantissant un **minimum de recettes pour l'État**.

Objectif :

1.	**Réinstaurer la tranche à 5 %**, mais avec des tranches plus basses pour les revenus intermédiaires, afin de garantir un **impôt plus progressif et équitable**.

2.	**Réduire les impôts des classes moyennes** sans pénaliser l'État.

3.	Introduire une **taxe minimum** de **2 %** sur le revenu brut pour éviter que certains foyers bénéficient d'optimisations fiscales et payent **zéro impôt**.

Barème de l'impôt proposé :

Tranches de revenu annuel	Taux d'imposition
Jusqu'à 15 000 €	0 %
De 15 001 € à 25 000 €	5 %
De 25 001 € à 45 000 €	10 %
De 45 001 € à 75 000 €	20 %
De 75 001 € à 110 000 €	30 %
De 110 001 € à 150 000 €	40 %
Plus de 150 000 €	45 %

Exemple de calcul avec la taxe minimum de 2% :

Imaginons un foyer avec un impôt brut de **1 000 €** (avant déductions).

1.   Calcul de l'impôt avant déductions :
Supposons que, selon le barème, le montant de l'impôt à payer avant déductions soit de **1 000 €**.

2.   Calcul après déductions fiscales :
Après application des déductions fiscales, le montant
de l'impôt à payer descend à **15 €**.

3.   Application de la taxe minimum de 2 % :
La règle est qu'un foyer doit toujours payer **2 %** de
son impôt brut avant déductions, même si les
déductions conduisent à un impôt final inférieur.

Impôt brut avant déductions : 1 000 €
2 % de 1 000 € = 20 € (minimum à payer)

4.   Calcul final de l'impôt à payer :

o   Le foyer doit donc payer **20 €**, même si l'impôt
après déductions était de 15 €, car la taxe minimum de
2 % impose un montant minimum de **20 €**.

Bilan de l'impact sur les finances de l'État :

1.   Augmentation des recettes fiscales :
La réforme vise à **augmenter le nombre de foyers
imposés** en réintroduisant un impôt progressif avec
des tranches plus faibles. Cela permet à l'État de
recueillir davantage de fonds tout en réduisant
l'injustice fiscale.

2. **Équilibre des recettes et dépenses** :
Avec un système de **taxe minimum** de 2 % pour les foyers optimisant les déductions fiscales, l'État s'assure que même les foyers ayant recours à ces optimisations paieront une contribution minimale. Cette mesure évite une perte nette **de recettes fiscales** et garantit un **revenu fiscal** stable.

3. **Augmentation du pouvoir d'achat** :
La réduction de la pression fiscale sur les classes moyennes et les faibles revenus devrait permettre une **augmentation de leur pouvoir d'achat**, ce qui se traduira par une **augmentation de la consommation**. Cela se répercutera en partie sur les recettes de **TVA**, qui compenseront en partie la baisse d'impôts dans certaines tranches.

4. **Réduction de l'optimisation fiscale** :
En introduisant la taxe minimum de 2 %, la réforme lutte contre la tendance à **l'optimisation fiscale** qui permet à de nombreux foyers de réduire leur impôt à zéro, garantissant ainsi que **tous les foyers** contribuent de manière équitable.

Conclusion :

Cette réforme vise à instaurer un système fiscal plus **équitable** et **progressif**, où les foyers les plus modestes sont exonérés ou bénéficient d'une fiscalité allégée, tandis que les plus hauts revenus contribuent davantage. En réintroduisant la tranche à 5 % et en appliquant un taux minimum de 2 %, cette réforme garantit **des recettes fiscales plus stables** pour l'État tout en réduisant la charge sur les foyers modestes et en encourageant la consommation.

Elle permet également d'assurer une **contribution fiscale plus équitable**, en réduisant le recours à l'optimisation fiscale, tout en stimulant la consommation. Enfin, la réforme permet de concilier les **objectifs économiques** avec des **besoins fiscaux** (réduire le déficit public, maintenir les recettes de l'État).

Réforme 15 : Réforme du Marché de l'Énergie

Contexte :

Le marché européen de l'énergie, conçu pour favoriser la libre circulation de l'électricité entre les États membres, présente des dysfonctionnements qui peuvent nuire aux intérêts français. La dépendance aux marchés internationaux et la fluctuation des prix mettent en péril la sécurité énergétique du pays. Dans ce cadre, il est essentiel de réexaminer notre position au sein de ce marché.

Objectifs de la Réforme :

Renforcer la Souveraineté Énergétique : Assurer que la France puisse réguler ses prix de l'énergie et protéger ses citoyens contre les fluctuations des marchés européens.

Protéger les Intérêts Nationaux : Mettre en œuvre des tarifs réglementés pour l'électricité produite en France, en accord avec notre constitution.

Propositions :

1.   **Application de la Constitution Européenne** : Rappeler que toute directive européenne doit respecter

les constitutions des États membres, notamment la souveraineté nationale. Si une directive est jugée défavorable, la France peut choisir de ne pas l'appliquer.

2. **Retrait du Marché Européen de l'Énergie** : Proposer de sortir du marché européen de l'énergie tel qu'il existe actuellement, tout en maintenant la possibilité d'échanger de l'électricité entre nations avec le prix du marché européen.

3. **Un Tarif Réglementé pour tous** : Mettre en place un tarif réglementé pour l'électricité produite sur le sol français. Ce tarif devra être basé sur les coûts de production locaux, garantissant ainsi un prix stable et prévisible pour les consommateurs et appliquer par tous les revendeurs d'électricité. La concurrence se fera sur le service est non sur le prix du kilowatt vendus.

4. **Soutien à la Production Énergétique Locale** : Encourager les investissements dans les énergies françaises, en favorisant les producteurs locaux et en promouvant des solutions durables adaptées aux besoins des citoyens.

Impact Attendu :

Stabilité des Prix : Les consommateurs bénéficieront de tarifs plus prévisibles et justes, réduisant leur exposition aux fluctuations du marché européen.

Renforcement de la Souveraineté Énergétique : La France reprendra le contrôle de sa politique énergétique, en alignant les décisions sur les intérêts nationaux et la protection de l'environnement.

Création d'Emplois Locaux : Le soutien à la production d'énergie locale favorisera la création d'emplois et stimulera l'économie régionale.

Conclusion :

Cette réforme vise à garantir que la France puisse contrôler son marché de l'énergie tout en respectant ses engagements européens. En mettant en place des tarifs réglementés pour les particuliers et les artisans (ex : boulangerie) et en favorisant la production locale, nous pouvons créer un système énergétique plus stable, durable et juste pour tous les citoyens.

Réforme 16 : Réduction du Nombre de Députés et du Financement des Partis Politiques

Contexte :

Avec 577 députés, la France a un des plus grands nombres de parlementaires en Europe, ce qui engendre des coûts significatifs pour l'État. Cette réforme propose de réduire ce nombre à 350, afin d'aligner la représentation nationale à celle du Sénat, tout en rationalisant les dépenses publiques et en modernisant le fonctionnement de l'Assemblée nationale. Ce projet s'accompagne d'une révision du financement des partis politiques, afin de compenser leur perte de revenus liée à la diminution du nombre de sièges et d'assurer une transparence accrue.

Principaux axes de la réforme :

1. **Réduction du nombre de députés :**

Passer de 577 à **350 députés**.

Objectif : Aligner le nombre de députés sur celui des sénateurs, rendant les deux chambres plus équilibrées en termes de représentation.

La réduction sera effectuée selon une révision de la carte des circonscriptions pour éviter les inégalités territoriales.

2.   **Économies réalisées :**

Salaire des députés : Chaque député coûte environ 17 000 € par mois à l'État (salaire + frais + charges). La réforme permettra une économie de près de **46 millions d'euros annuels.**

Réduction des coûts annexes : Baisse des dépenses liées aux collaborateurs parlementaires, au fonctionnement des bureaux, et aux frais annexes comme les déplacements.

3.   **Manque à gagner pour les partis politiques :**

La diminution du nombre de députés impactera directement le financement public des partis politiques, basé sur le nombre de parlementaires élus.

Cette réduction pourrait désavantager les petits partis et nécessiter une réforme pour maintenir l'équité.

4.   **Réforme du financement des partis politiques :**

Encadrement strict des subventions publiques : Tout financement provenant de l'État sera soumis à un contrôle rigoureux et devra être justifié par les activités du parti.

Suppression des doublons de financement : Éliminer les aides qui se cumulent sans justification directe (par exemple, pour les groupes parlementaires et les partis affiliés).

Transparence : Les partis devront publier un bilan détaillé annuel des dépenses couvertes par les subventions publiques.

Création d'un fonds de soutien démocratique : Une partie des économies réalisées par la réduction du nombre de députés sera allouée à un fonds pour financer les campagnes et garantir l'accès équitable aux petits partis.

5. Reconfiguration des circonscriptions :

Une commission indépendante redéfinira la carte électorale pour refléter les évolutions démographiques et garantir une représentation équitable.

Les critères de redécoupage incluront : la densité de population, l'équilibre rural-urbain, et la continuité géographique.

6. Maintien de la qualité démocratique :

Réduction des députés sans altérer la diversité politique : Un mécanisme garantira que les partis minoritaires ne soient pas sous-représentés, par exemple via des quotas minimums de représentation proportionnelle.

Objectifs de la réforme :

1.   **Rationalisation des coûts :**

Réduire les dépenses publiques tout en optimisant le fonctionnement de l'Assemblée nationale.

Limiter le poids budgétaire des parlementaires et des infrastructures associées **Modernisation et efficacité parlementaire :**

Réduire le nombre de députés permettra un travail législatif plus concentré et efficace.

Alléger le nombre de commissions et rationaliser les débats parlementaires.

2.   **Équité dans le financement des partis :**

Réviser les règles de financement pour éviter que la réduction des députés n'avantage de manière disproportionnée les grands partis.

3.   **Meilleure représentativité :**

Garantir une égalité de représentation pour chaque citoyen, indépendamment de sa localisation géographique.

Exemples d'impacts :

Économies directes : Avec 227 députés en moins, et une estimation de coût total annuel de 204 000 € par député, l'État économisera près de **46,3 millions d'euros par an**.

Réduction des privilèges parlementaires : Moins de retraites, de collaborateurs, et de frais indirects.

Effets sur les partis politiques : Un parti ayant 100 députés aujourd'hui recevra environ 70% de subventions en moins avec la réduction des sièges.

Suivi et évaluation :

Comité de suivi de la réforme : Un comité indépendant évaluera les effets de la réduction des députés sur le fonctionnement de l'Assemblée et la démocratie.

Rapport annuel : Chaque année, le gouvernement devra publier un rapport détaillant les économies réalisées et l'impact sur le financement des partis politiques.

Révision quinquennale : Tous les 5 ans, une analyse sera faite pour ajuster les mécanismes de financement et les circonscriptions si nécessaire.

Conclusion :

Cette réforme ambitieuse propose une réduction du nombre de députés à 350, afin de moderniser la représentation nationale, d'optimiser les coûts, et de renforcer l'équilibre entre les deux chambres parlementaires. En parallèle, une révision complète du financement des partis politiques assurera une transition équitable et transparente, tout en maintenant la pluralité démocratique. Avec des économies significatives et une rationalisation des processus législatifs, cette réforme répond aux attentes des

citoyens pour une gestion plus efficace et responsable
des institutions françaises.

Réforme 17 : Réforme des Élections Cantonales : Élection Indirecte par les Maires et Adjoints

Contexte et Objectifs

Réduire le coût des élections cantonales :

Les élections cantonales actuelles, basées sur le suffrage universel direct, représentent un coût important pour l'État et les collectivités locales (organisation, bureaux de vote, matériel électoral, etc.).

La réforme vise à simplifier ce processus en adoptant une méthode d'élection indirecte.

Lutter contre l'abstention :

Les élections cantonales enregistrent des taux de participation citoyens extrêmement faibles, variant entre 30% et 35% lors des dernières élections, ce qui témoigne d'un désintérêt ou d'un manque de compréhension des citoyens sur le rôle des conseillers départementaux.

En confiant cette élection à des élus locaux (maires et adjoints), on garantit une meilleure implication des représentants locaux, réduisant l'abstention et favorisant une participation plus responsable et représentative.

Renforcer la représentation locale :

Les maires et adjoints, étant déjà au contact direct des administrés, peuvent désigner des conseillers départementaux qui reflètent mieux les besoins et attentes du territoire.

Modalités de la Réforme

Élection par les maires et adjoints :

Chaque maire et adjoint municipal de l'ensemble des communes du canton participera à l'élection des conseillers départementaux.

Le vote se déroulera à l'échelle cantonale, sous la supervision d'une commission préfectorale.

Mode de scrutin :

Scrutin à deux tours :

Les candidats doivent obtenir la majorité absolue au premier tour ou, à défaut, une majorité relative au second tour.

Chaque maire et adjoint disposera d'une voix lors de l'élection, avec un vote pondéré selon la population de la commune représentée pour garantir une équité entre communes rurales et urbaines.

Organisation et fréquence :

L'élection aura lieu tous les six ans, comme actuellement, mais sera organisée dans un cadre simplifié.

Pas de bureaux de vote pour le public, seulement des bureaux dédiés au vote des maires et adjoints, réduisant les coûts logistiques.

Avantages de la Réforme

Économies pour l'État :

Réduction des frais d'organisation (impression de bulletins, location de locaux, mobilisation de personnel, etc.).

Simplification des processus administratifs liés à ces élections.

Réduction de l'abstention :

Éviter les faibles taux de participation en confiant le choix des conseillers départementaux à des élus locaux déjà investis dans la vie publique.

Les maires et adjoints, ayant déjà une responsabilité locale, sont plus enclins à participer activement à ce type d'élection.

Meilleure représentativité :

Les maires et adjoints, en tant qu'élus de proximité, possèdent une connaissance approfondie des besoins locaux, leur permettant de désigner des représentants en phase avec les réalités de leurs territoires.

Renforcement de la démocratie locale :

Les citoyens continuent d'exercer leur pouvoir démocratique à travers l'élection de leurs maires et adjoints, qui deviennent leurs représentants indirects pour les élections cantonales.

Risques et Précautions

Critique de la légitimité démocratique :

Certains pourraient percevoir cette réforme comme une perte de pouvoir démocratique pour les citoyens. Une communication claire sera nécessaire pour expliquer les bénéfices en termes de représentativité et d'efficacité.

Risques de clientélisme :

Des mécanismes de contrôle doivent être mis en place pour éviter que l'élection par des élus locaux favorise des pratiques de favoritisme ou de népotisme.

Adaptation des règles de financement des campagnes :

Une attention particulière devra être portée au financement des campagnes des candidats pour limiter les dérives et garantir une égalité des chances entre les postulants.

Conclusion

Cette réforme des élections cantonales permettrait de concilier économies, meilleure représentativité locale, et lutte contre l'abstention. En s'inspirant du modèle des élections sénatoriales, elle vise à renforcer le rôle des élus locaux tout en simplifiant le processus électoral. Cette approche met en avant l'importance des maires et adjoints dans le fonctionnement démocratique local, tout en optimisant les ressources publiques et en réduisant le coût des élections, tout en répondant à un taux de participation trop faible qui varie entre 30% et 35% lors des dernières élections.

Réforme 18 : Réforme sur la Gestion des Maisons Abandonnées et en Ruines

Objectifs de la Réforme

Éliminer les ruines pour les transformer en espaces utiles et sécurisés, avec une attention particulière à l'utilisation des terrains pour le bien commun.

Encourager les propriétaires à réaménager ou céder leurs terrains grâce à un système flexible impliquant la collectivité, y compris via des partenariats avec des associations.

Accélérer la résolution des problèmes administratifs (notaires, héritages complexes, propriétaires inconnus) pour faciliter la reconversion des terrains en ruines.

Élimination des Ruines pour les Transformer en Espaces Utiles

L'objectif principal est de retirer les bâtiments abandonnés ou en ruine du paysage urbain et de les transformer en espaces utiles à la collectivité. Les espaces créés pourraient être des **jardins communautaires**, des **parcs publics**, des **zones de loisirs**, des **parkings** ou des **aménagements routiers** nécessaires à l'amélioration de l'infrastructure locale.

Démolition écologique : Toute démolition doit respecter des normes strictes en matière de recyclage des matériaux (bois, métaux, béton) et d'optimisation des déchets.

Création d'espaces publics et d'infrastructures : Une fois la ruine démolie, le terrain peut être reconverti en **espaces verts, parkings, aménagements routiers** (comme l'élargissement ou l'amélioration de virages dangereux), ou autres aménagements urbains.

Projets à impact local : Création de **zones agricoles urbaines** ou des **espaces verts** qui contribuent à la transition énergétique et favorisent l'autosuffisance alimentaire locale (potagers communautaires).

Avertissement : Protection des Ruines à Valeur Historique

Toute ruine identifiée comme ayant une **valeur historique** ou un **patrimoine architectural significatif** doit être préservée et ne pas faire l'objet de démolition sans expertise préalable. Ces sites doivent être soigneusement évalués par des spécialistes du patrimoine, afin de garantir leur conservation ou leur réhabilitation en tant que monument historique.

Valorisation des matériaux : Lors de la démolition de bâtiments non protégés, certains matériaux comme la **pierre** pourraient être réutilisés dans la **restauration de monuments historiques**, permettant de réduire les déchets et de contribuer à la préservation du patrimoine culturel.

Réaménagement en Collaboration avec les Propriétaires

Afin d'encourager la réutilisation des terrains en ruines, la réforme propose une approche flexible pour les propriétaires. Ceux-ci pourraient participer activement à la reconversion de leur bien, ou le céder à la collectivité ou à des partenaires privés (associations, entreprises écologiques, etc.).

Participation volontaire des propriétaires : Ceux qui souhaitent conserver leur bien peuvent investir dans sa réhabilitation, en collaboration avec la commune ou des organisations spécialisées.

Partenariats avec des associations : Pour les propriétaires qui préfèrent se désengager, des partenariats avec des **associations environnementales, d'insertion professionnelle** ou des **collectifs citoyens** peuvent être établis pour transformer ces terrains.

Inceptives financières et fiscales : Les propriétaires qui réhabilitent ou cèdent leurs terrains pour une conversion écologique bénéficieraient de **subventions publiques** ou d'**exonérations fiscales**. Cela pourrait aussi inclure des aides pour le recyclage des matériaux issus de la démolition.

Exemple : Un propriétaire qui transforme un bâtiment en ruine en parc public ou en jardin communautaire pourrait bénéficier d'une réduction d'impôt ou d'une aide financière pour la réhabilitation écologique.

Accélération des Démarches Administratives

La réforme doit simplifier les démarches administratives, notamment celles liées aux **héritages complexes**, aux **propriétaires absents**, ou aux **conflits de copropriété**.

Création de plateformes dédiées : Une **plateforme numérique** centralisée pourrait aider les communes et notaires à résoudre les problèmes liés aux bâtiments en ruine, en facilitant les démarches juridiques et en connectant les parties concernées.

Intervention des communes : Les communes devraient avoir la possibilité de saisir un **tribunal administratif** ou de mettre en place un **mandat spécial** pour prendre en charge la gestion des propriétés abandonnées ou de propriétaires inconnus.

Régulation des héritages complexes : En cas de copropriété difficile (ex : plusieurs héritiers), la commune pourrait intervenir pour organiser une **vente publique forcée** ou faciliter le processus de **vente à un promoteur ou une association**, garantissant ainsi une transformation rapide du terrain.

Délai de résolution : Un **délai limité** (ex : 5 ans) serait fixé pour la résolution des situations de propriété non résolues, au terme duquel les terrains seraient réaffectés à des projets d'intérêt public si aucune solution n'est trouvée.

Surtaxe Foncière sur les Propriétés Abandonnées ou en Ruines

Afin d'encourager les propriétaires à remettre en état ou céder leurs terrains abandonnés, une **surtaxe foncière** sera appliquée aux propriétés en ruine ou abandonnées. Cette surtaxe serait graduée en fonction de la durée de l'abandon, afin de stimuler la réhabilitation des terrains ou leur vente à des acteurs intéressés par leur transformation.

Taxation progressive : Plus un terrain reste en ruine sans solution de réhabilitation ou de cession, plus la surtaxe foncière augmentera.

Réduction de la surtaxe : Les propriétaires qui entreprennent des travaux de réhabilitation ou qui cèdent leur bien pour un projet d'utilité publique pourraient bénéficier d'une réduction substantielle de cette surtaxe.

Respect du ZAN (Zéro Artificialisation Nouvelles terres)

La réforme doit s'intégrer pleinement dans la politique de **ZAN** en favorisant la reconversion des terrains déjà artificialisés (ruines, friches) plutôt que d'en consommer de nouveaux. Elle respecte ainsi l'objectif de préserver les espaces naturels et agricoles tout en répondant aux besoins d'aménagement urbain.

Reconversion des terrains existants : Toute démolition ou réaménagement doit favoriser la reconversion des terrains en ruine en **espaces utiles** (publics, agricoles, de loisirs, etc.), sans augmenter l'artificialisation des sols.

Planification territoriale : Les communes devront intégrer cette politique de ZAN dans leur **planification urbaine**, en veillant à ce que les projets d'aménagement respectent cet objectif de préservation des espaces naturels.

Mécanismes de Financement et de Soutien

Fonds publics et privés : Un fonds public pourrait être créé pour subventionner la transformation des ruines en espaces utiles (espaces verts, parkings, aménagements routiers, etc.). Ce fonds pourrait être alimenté par l'État, les régions ou les communes, mais aussi par des mécènes privés ou des **partenariats public-privé**.

Incitations fiscales : Des réductions fiscales seraient accordées aux propriétaires qui réhabilitent leurs terrains dans un objectif écologique, tout en respectant le ZAN.

Aides pour les associations et collectivités : Des subventions seraient proposées aux communes ou associations qui prennent en charge la reconversion des terrains, pour compenser les coûts liés à la démolition et à la réutilisation des matériaux.

Bénéfices attendus de la Réforme

Réduction des friches urbaines : Transformation des bâtiments abandonnés en espaces publics ou privés utiles.

Revitalisation des territoires : Création de nouvelles zones écologiques, agricoles, de loisirs, ou même d'infrastructures comme des parkings ou des aménagements routiers.

Accélération des démarches administratives : Résolution rapide des problèmes de propriété complexe, facilitant la reconversion des terrains.

Valorisation écologique : Respect du ZAN en reconvertissant des friches existantes en espaces naturels ou agricoles.

Économies et création d'emplois : La réhabilitation écologique des bâtiments abandonnés crée des emplois dans la construction, le recyclage et la gestion des espaces publics.

Préservation du patrimoine historique : En protégeant les ruines ayant une valeur historique et en réutilisant des matériaux pour la restauration de monuments.

Conclusion :

Cette réforme représente une approche pragmatique et innovante pour résoudre le problème des maisons abandonnées et des terrains en ruines, tout en répondant aux défis environnementaux et urbanistiques actuels. En transformant ces friches en espaces utiles, la réforme vise à améliorer le cadre de vie local tout en réduisant les risques liés à la sécurité et en contribuant à la revitalisation des territoires.

En réorientant les terrains abandonnés vers des projets d'intérêt public — qu'ils soient écologiques, culturels, ou infrastructurels — la réforme crée de nouvelles opportunités pour les collectivités et les citoyens. De plus, elle facilite la réutilisation des matériaux issus des démolitions pour soutenir la préservation du patrimoine, tout en respectant l'engagement de **Zéro Artificialisation des Nouvelles terres (ZAN)**.

Grâce à un ensemble de mesures incitatives, fiscales et administratives, cette réforme encourage la collaboration entre les propriétaires, les communes et les acteurs privés, tout en simplifiant les démarches pour garantir une reconversion rapide et efficace. Elle représente une étape essentielle vers une gestion plus durable des espaces urbains et une transition vers un environnement plus résilient et autonome.

En définitive, cette réforme illustre l'engagement pour un avenir où l'optimisation de l'existant prime sur la consommation de nouveaux espaces, tout en améliorant la qualité de vie des citoyens et en contribuant à la durabilité des territoires.

Réforme 19 : Réforme sur le Cumul des Retraites des Élus

Contexte :

Les élus nationaux peuvent cumuler plusieurs retraites liées à différentes fonctions publiques (président, ministre, député, maire, etc.). Certaines retraites sont accompagnées d'avantages en nature (chauffeurs, logements, etc.) et d'autres compensations financières, comme des **jetons de présence** ou des rémunérations liées à des **comités** ou commissions. Cette réforme vise à encadrer ce cumul, à limiter les excès et à garantir une distribution plus équitable des ressources publiques.

Objectifs de la Réforme sur le Cumul des Retraites des Élus Nationaux

L'objectif principal de cette réforme est de rétablir la confiance des citoyens dans les institutions publiques, en garantissant une gestion plus rigoureuse et équitable des fonds publics, notamment en ce qui concerne les retraites des élus nationaux. Cette réforme vise à :

1. **Limiter les excès dans le cumul des retraites des élus** : Tout en préservant le droit des élus à percevoir plusieurs retraites, cette réforme établit des plafonds raisonnables afin d'éviter les situations où des politiques accumulent des montants disproportionnés

par rapport aux revenus moyens des citoyens. Ces plafonds permettent de garantir que le cumul des retraites reste dans des limites acceptables pour l'ensemble de la population.

2. **Assurer une redistribution équitable des ressources publiques** : En plafonnant le montant des retraites cumulées et en incluant toutes les compensations financières (telles que les jetons de présence), cette réforme vise à répartir plus équitablement les ressources publiques. Elle répond ainsi à une exigence de justice sociale en évitant que des élus bénéficient d'avantages financiers excessifs, souvent aux frais des contribuables.

3. **Restaurer la confiance des électeurs** : Cette réforme cherche à répondre à la désillusion croissante des citoyens face aux inégalités perçues entre le monde politique et le monde réel. En plafonnant les retraites des élus, elle renvoie un signal clair que les responsables politiques ne sont pas détachés des préoccupations de la population. Cela permet de restaurer la confiance des électeurs, notamment ceux qui désertent les urnes par manque de foi en la classe politique.

4. **Rendre la politique plus transparente et responsable** : En garantissant un suivi transparent des retraites et compensations des élus, cette réforme vise à promouvoir une politique plus responsable et transparente. Cela permettra de répondre aux demandes de responsabilité et de transparence exprimées par les citoyens.

Cette réforme n'a pas pour but d'interdire le cumul des retraites, mais de le réguler de manière à respecter les attentes des Français et à encourager une plus grande transparence dans la gestion des ressources publiques. Elle est avant tout un geste symbolique pour encourager une politique plus en phase avec les préoccupations de la population et pour renforcer le lien de confiance entre les élus et leurs électeurs.

Principes de la Réforme :

Plafonds de retraite cumulée :

1.   **Plafond de 25 000 € par mois** si l'élu bénéficie d'avantages en nature (chauffeur, logement de fonction, garde du corps, etc.).

2.   **Plafond de 30 000 € par mois** si l'élu **ne bénéficie pas d'avantages en nature.**

Réduction équitable :

Lorsque l'élu dépasse les plafonds, une **réduction équitable** est appliquée à chaque retraite individuelle, jusqu'à ce que la somme totale respecte le plafond. Cette réduction est **proportionnelle** entre les différentes retraites perçues par l'élu.

Prise en compte des jetons de présence et compensations financières :

- Toutes les compensations perçues après la fin de l'activité d'un élu, comme les **jetons de présence** pour siéger dans des **comités**, des **conseils** ou des **commissions** (aussi appelés "planques politiques"), doivent être **prises en compte dans le calcul du cumul des retraites**.

- Les **jetons de présence et autres compensations financières** sont considérés comme une forme de revenu supplémentaire, et doivent être intégrés dans le calcul du cumul des retraites pour respecter le plafond de 30 000 € par mois.

Exclusion des retraites privées :

Les **retraites issues du secteur privé** (retraite de la sécurité sociale, retraite d'entreprise, etc.) **ne sont pas prises en compte** dans le calcul des retraites cumulées des élus.

Équité dans les retraites des fonctions communales :

Les retraites perçues pour des fonctions communales (maire, adjoint, conseiller municipal) **ne sont pas comptabilisées** dans le cumul des retraites plafonnées, **à condition que la ville ait moins de 5 000 habitants**.

Si la **population de la ville dépasse 5 000 habitants** après un recensement, les retraites des mandats locaux sont **prises en compte dans le cumul**, à partir de la date où la population dépasse ce seuil.

Gel des retraites :

Les **retraites des élus sont gelées** pendant la durée de l'exercice de leur mandat public, c'est-à-dire qu'elles ne sont pas augmentées tant que l'élu occupe une fonction publique rémunérée.

Exemples illustratifs :

Exemple 1 : Élu avec avantages en nature (Plafond = 25 000 €)

Mandats occupés par l'élu :

1. **Ancien président de la République** (avec chauffeur, garde du corps, logement) : retraite de **15 000 €/mois**.

2. **Ancien ministre d'État** (avec chauffeur, logement, autres avantages) : retraite de **10 000 €/mois**.

3. **Ancien maire d'une grande ville** (plus de 50 000 habitants) : retraite de **4 000 €/mois**.

4. **Ancien président de communauté de communes** (jetons de présence) : retraite de **3 000 €/mois**.

Total des retraites avant réforme :

15 000 € + 10 000 € + 4 000 € + 3 000 € = 32 000 €.

Réduction nécessaire :

Le total des retraites dépasse le plafond de **25 000 €**. Une réduction de **7 000 €** est nécessaire.

Réduction équitable :

Total des retraites avant réduction : 32 000 €.

Pourcentage de réduction : 7 000 € / 32 000 € = 21,88%.

La réduction de **21,88%** est appliquée proportionnellement sur chaque retraite :

1. **Ancien président de la République** :

Retraite de 15 000 € → **15 000 € - (15 000 € × 21,88%) = 11 812 €.**

2. **Ancien ministre d'État** :

Retraite de 10 000 € → **10 000 € - (10 000 € × 21,88%) = 7 812 €.**

3. **Ancien maire** :

Retraite de 4 000 € → **4 000 € - (4 000 € × 21,88%) = 3 125 €.**

4. **Ancien président de communauté de communes :**

Retraite de 3 000 € → **3 000 € - (3 000 € × 21,88%)** = **2 344 €**.

Total après réduction :

11 812 € + 7 812 € + 3 125 € + 2 344 € = 25 000 €.

Exemple 2 : Élu sans avantages en nature (Plafond = 30 000 €)

Mandats occupés par l'élu :

1.   **Ancien président de la République** (sans avantages en nature) : retraite de **20 000 €/mois**.

2.   **Ancien ministre d'État** (sans avantages en nature) : retraite de **12 000 €/mois**.

3.   **Ancien maire d'une grande ville** (plus de 50 000 habitants) : retraite de **4 000 €/mois**.

4.   **Ancien président de communauté de communes** (jetons de présence) : retraite de **3 000 €/mois**.

Total des retraites avant réforme :

20 000 € + 12 000 € + 4 000 € + 3 000 € = 39 000 €.

Réduction nécessaire :

Le total des retraites dépasse le plafond de **30 000 €**.
Une réduction de **9 000 €** est nécessaire.

Réduction équitable :

Total des retraites avant réduction : 39 000 €.

Pourcentage de réduction : 9 000 € / 39 000 € = 23,08%.

La réduction de **23,08%** est appliquée proportionnellement sur chaque retraite :

1.   **Ancien président de la République** :

Retraite de 20 000 € → **20 000 € - (20 000 € × 23,08%) = 15 384 €**.

2.   **Ancien ministre d'État** :

Retraite de 12 000 € → **12 000 € - (12 000 € × 23,08%) = 9 231 €**.

3.   **Ancien maire** :

Retraite de 4 000 € → **4 000 € - (4 000 € × 23,08%) = 3 077 €**.

4.   **Ancien président de communauté de communes** :

Retraite de 3 000 € → **3 000 € - (3 000 € × 23,08%) = 2 308 €**.

Total après réduction :

15 384 € + 9 231 € + 3 077 € + 2 308 € = 30 000 €.

Exemple 3 : Élu avec plusieurs mandats locaux et plusieurs retraites (Plafond = 30 000 €)

Mandats occupés par l'élu :

1.   **Ancien maire d'une grande ville** (plus de 50 000 habitants) : retraite de **8 000 €/mois.**

2.   **Ancien maire d'un petit village** (moins de 5 000 habitants) : retraite de **2 000 €/mois.**

3.   **Ancien député** : retraite de **6 000 €/mois.**

4.   **Ancien président de région** (jetons de présence) : retraite de **10 000 €/mois.**

Total des retraites avant réforme :

8 000 € + 2 000 € + 6 000 € + 10 000 € = 26 000 € (les retraites communales du petit village ne sont pas prises en compte car la ville a moins de 5 000 habitants).

Total après prise en compte de l'augmentation de la population (si applicable) :

Si, après un recensement, la ville dépasse les 5 000 habitants, les **2 000 €** de retraite de maire seront prises en compte, et le total sera de **28 000 €.**

Résumé des économies sur un an :

Exemple 1 (plafond à 25 000 €) : Économie potentielle : **7 000 € / mois → 84 000 € / an.**

Exemple 2 (plafond à 30 000 €) : Économie potentielle : **9 000 € / mois → 108 000 € / an.**

Exemple 3 (avec ou sans augmentation de la population d'une ville) :
Économie potentielle : **Aucune économie** si la retraite totale est en dessous du plafond.

Conclusion : Cette réforme vise à garantir une gestion plus rigoureuse et équitable des retraites des élus nationaux, tout en évitant les abus et en favorisant une plus grande transparence dans l'utilisation des fonds publics. Les **retraites issues du secteur privé** et des **petites communes (moins de 5 000 habitants)** ne sont pas prises en compte dans le cumul.

Réforme 20 : Réforme des Contrats de travail : Option « VSD et Tâche. »

Objectif :

Cette réforme vise à réorganiser le marché du travail en introduisant des contrats universels flexibles, qui tiennent compte des besoins spécifiques des secteurs tout en garantissant des droits et des protections adéquates pour les salariés. Elle inclut notamment les options **VSD** (Vendredi-Samedi-Dimanche) et **Tâche**, qui seront modulées pour répondre aux exigences des secteurs d'activité tout en assurant une sécurité pour les travailleurs.

1. Contrat à Durée Indéterminée (CDI)

Le contrat de travail par défaut pour des emplois stables et durables, sans limite de temps.

Options modulables :

Temps plein ou temps partiel : Horaires flexibles en fonction des besoins des entreprises.

Forfait-jours : Pour les cadres ou salariés autonomes.

Clause "chantier ou projet" : Lier le contrat à une mission spécifique, tout en garantissant une continuité pour des tâches similaires (par exemple, dans le BTP ou le consulting).

Clause VSD (Vendredi-Samedi-Dimanche) : Destinée aux emplois concentrés uniquement sur le week-end (mi-temps à trois-quarts de temps), avec une rémunération supérieure (tarif double le dimanche et une prime) permettant de parvenir à une rémunération équivalente à un temps plein. Cette option sera initialement testée dans la **grande distribution** et la **vente**, avant une éventuelle extension à d'autres secteurs après une période de test.

2. Contrat à Durée Déterminée (CDD)

Le contrat temporaire pour des missions spécifiques et limitées dans le temps.

Options modulables :

Clause "saisonnier" : Pour les emplois liés à des activités récurrentes et cycliques (ex : tourisme, agriculture).

Clause "chantier ou tâche" : Lier le contrat à un objectif précis, dont la fin est conditionnée par la réalisation de la tâche ou du projet.

Clause "usage" : Pour des secteurs spécifiques (spectacle, événementiel) nécessitant des contrats très courts.

Clause VSD : Pour les emplois concentrés uniquement sur le week-end, limitée à certains secteurs comme la grande distribution pendant la phase de test.

Protections associées :

Indemnité de fin de contrat et congés payés.

Durée maximale : 18 mois, sauf exceptions légales.

3. Contrat de Formation (CDF)

Contrat unique pour encadrer les dispositifs d'apprentissage et de professionnalisation, combinant théorie et pratique.

Options modulables :

Clause "apprentissage" : Pour les jeunes en formation initiale.

Clause "professionnalisation" : Pour les adultes ou demandeurs d'emploi.

Clause "service civique" : Pour des missions d'intérêt général.

Avantages :

Simplification des démarches pour les entreprises formatrices.

Alignement des droits sociaux pour tous les alternants.

4. Contrat d'Insertion et de Soutien à l'Emploi (CISE)

Contrat destiné aux personnes éloignées du marché du travail ou aux secteurs bénéficiant d'aides publiques.

Options modulables :

Clause "insertion" : Parcours emploi compétences (PEC) pour les publics en difficulté.

Clause "emplois aidés" : Pour les dispositifs subventionnés, comme les emplois francs.

Clause "secteur non marchand" : Pour les associations et organismes publics.

Protections associées :

Droits garantis : SMIC minimum, cotisations sociales.

Simplification pour les employeurs : Accès aux aides facilité.

Option "Tâche" (CDD)

Pour les missions spécifiques nécessitant une durée déterminée, la **clause "tâche"** permet de lier le contrat à l'achèvement d'une tâche précise.

Principes :

La durée de la mission sera estimée mais non fixée avec précision à la signature du contrat.

Un **minimum de durée** devra être indiqué dans le contrat, garantissant un engagement de paiement sur cette période.

Rémunération : Les salariés recevront une rémunération forfaitaire ou horaire respectant le SMIC horaire et les protections légales.

Sécurité des paiements : Garantie de paiement et assurance de respect des conditions contractuelles pour éviter toute précarité liée à l'incertitude des missions.

Mise en œuvre et suivi :

1. **Période de test pour l'option VSD** :

Le modèle VSD sera initialement testé dans les secteurs de la **vente** et de la **grande distribution** pendant une période déterminée, avant une extension à d'autres secteurs.

Ce modèle sera évalué pour s'assurer qu'il répond aux besoins des salariés et des employeurs tout en maintenant une rémunération équivalente à un temps plein.

2. **Encadrement des contrats "Tâche"** :

Les **professions libérales** bénéficieront de la garantie de durée minimale dans le contrat et du paiement garanti pour éviter les abus de ce modèle flexible.

Des protections supplémentaires seront mises en place pour garantir un juste équilibre entre flexibilité et sécurité.

3. **Révision du Code du Travail** :

Cette réforme nécessitera une révision du Code du travail pour intégrer les nouveaux contrats et options, avec des mesures de suivi pour garantir la bonne application des droits sociaux et des protections.

4. **Accompagnement des employeurs et des salariés :**

Des **formations** seront organisées pour aider les employeurs à mettre en place ces nouvelles options de manière conforme et responsable.

Des **guides pratiques** seront distribués pour informer les salariés de leurs droits et des possibilités offertes par les nouveaux contrats.

Conclusion :

Cette réforme des contrats universels vise à offrir une flexibilité accrue pour les employeurs tout en garantissant des droits et une sécurité renforcée pour les salariés. L'option VSD, testée dans un premier temps dans la vente et la grande distribution, et l'option "tâche", clarifiée pour les professions libérales, permettent de mieux répondre aux besoins spécifiques du marché du travail tout en assurant une rémunération équitable et des conditions de travail décentes pour tous.

Réforme 21 : Encadrement du Droit de Grève

Contexte :

Le droit de grève est un droit fondamental qui permet aux travailleurs de faire entendre leurs revendications. Cependant, les grèves illimitées, les préavis permanents et les grèves déclenchées sans préavis ni négociation préalable posent des problèmes de gestion dans les services publics et impactent négativement la vie des citoyens. Il est essentiel de trouver un équilibre entre le droit de grève et la nécessité de maintenir un service public stable.

Problèmes actuels :

Les grèves, souvent déclenchées sans préavis ou avec des préavis illimités, provoquent des perturbations importantes dans des secteurs vitaux comme les transports, l'éducation ou la santé. De plus, le recours à la grève devient parfois le premier recours, au lieu d'être un dernier moyen après la négociation. Cela crée une incertitude pour les usagers et nuit à l'économie du pays.

Propositions de Réforme :

1. **Suppression des préavis permanents et illimités :**

Les préavis permanents et illimités pour les grèves seront supprimés.

Un **préavis standard** sera instauré, impliquant un délai de 15 jours maximum entre le dépôt de la demande de grève et le début effectif de celle-ci. Ce délai permettra aux employeurs et aux citoyens de mieux anticiper et organiser les services concernés.

2. **Délai d'attente avant le début de la grève :**

Les travailleurs devront respecter un délai de **48 à 72 heures** entre le dépôt de la demande de grève et le début de l'action. Ce délai permettra de mieux organiser la gestion des services publics et de favoriser la négociation avant d'arriver à la grève.

3. **Limitation de la durée de la grève :**

La durée des grèves sera limitée à **30 jours consécutifs**, sauf si des négociations sont toujours en cours. Si les négociations échouent après 30 jours, un nouveau préavis devra être respecté avant qu'une nouvelle grève ne puisse être déclenchée. Cela réduira les abus de grèves prolongées sans solution.

4. **Création d'une instance de médiation indépendante :**

Une **instance de médiation spécialisée et indépendante** sera mise en place, composée de médiateurs privés ayant une expertise en gestion de conflits sociaux, mais supervisée par une autorité publique pour garantir la transparence et l'impartialité du processus.

Cette instance aura pour mission d'intervenir en amont des grèves, en encourageant les négociations et en facilitant le dialogue entre les syndicats et les employeurs. En cas de conflit persistant, cette instance pourra jouer un rôle central dans la résolution des désaccords.

Si la médiation échoue, les **prud'hommes** pourront intervenir en seconde instance, mais uniquement pour finaliser les accords ou juger des litiges restants.

Objectifs de la réforme :

1. Garantir le droit de grève :

Cette réforme vise à protéger le droit de grève tout en l'encadrant de manière à éviter les abus et à garantir son utilisation en dernier recours, après une tentative de négociation.

2. Assurer la stabilité pour les usagers et les citoyens :

En instaurant un cadre temporel clair pour les grèves, cette réforme vise à garantir une meilleure prévisibilité des services publics, afin de réduire l'impact des grèves sur la vie quotidienne des citoyens.

3. Encourager la négociation :

Le but est de favoriser le dialogue social entre les syndicats et les employeurs, en encourageant des solutions négociées avant que la grève ne devienne nécessaire. Le délai d'attente et la médiation indépendante inciteront à privilégier la négociation.

4. Préserver l'ordre public et éviter les perturbations prolongées :

En limitant la durée des grèves et en instaurant un processus de médiation avant leur déclenchement, cette réforme vise à maintenir un équilibre entre la protection des droits des travailleurs et la préservation de l'ordre public et des services essentiels pour la population.

Conclusion :

Cette réforme vise à moderniser et encadrer le droit de grève, en l'adaptant aux réalités sociales et économiques actuelles. Elle permet de protéger les droits des travailleurs tout en offrant aux citoyens un service public plus stable et prévisible. Grâce à la création d'une médiation indépendante, supervisée par une autorité publique, cette réforme permettra de mieux gérer les conflits sociaux et de renforcer la confiance entre les citoyens, les syndicats et les employeurs.

Réforme 22 : Révision des Aides Fiscales pour une Meilleure Efficacité et un Contrôle Renforcé"

Contexte et Objectif de la Réforme

En France, les aides fiscales et les niches fiscales sont utilisées pour soutenir l'innovation, l'emploi, et certains secteurs stratégiques. Cependant, une partie importante de ces dispositifs montre des résultats décevants, avec des abus fréquents, des effets limités sur la croissance durable, et une faible rentabilité pour les finances publiques. Certains dispositifs, tels que le **Crédit d'Impôt Recherche (CIR)**, sont détournés de leur objectif initial, en favorisant des comportements non productifs comme des licenciements de chercheurs ou des dépenses mal orientées.

L'objectif de cette réforme est de :

Supprimer les aides fiscales et niches inefficaces ou celles qui favorisent des comportements contre-productifs.

Réformer les niches restantes pour les rendre plus ciblées, efficaces et transparentes, en renforçant les contrôles et en les conditionnant à des résultats mesurables.

Réajuster les taux d'imposition sur les sociétés en conséquence pour simplifier le système, réduire les coûts administratifs, et rendre la fiscalité plus attractive tout en maintenant des recettes suffisantes pour financer les services publics.

Mesures Proposées

1.	**Suppression des aides fiscales et niches inefficaces :**

Identification des dispositifs peu efficaces : À partir d'un bilan exhaustif, supprimer les niches fiscales qui ne génèrent pas de résultats tangibles pour l'économie (telles que celles favorisant des stratégies à court terme ou des distorsions de concurrence).

Exemples à réévaluer : Les dispositifs du **Crédit d'Impôt Recherche (CIR)** mal utilisés, les exonérations temporaires pour des investissements étrangers qui ne créent pas d'emplois durables, et les réductions fiscales qui ne contribuent pas directement à la transition écologique ou à la compétitivité à long terme.

2.	**Révision des dispositifs restant pour les rendre plus efficaces :**

Conditionner l'octroi des aides à des objectifs clairs (création d'emplois, investissements en R&D, réduction des émissions de CO_2) et à des **résultats mesurables** pour s'assurer que l'argent public soit réellement utilisé pour soutenir l'innovation durable et la compétitivité des entreprises.

Renforcement des contrôles : Mettre en place des procédures de contrôle rigoureuses et transparentes pour les aides fiscales restantes, en s'assurant que les entreprises bénéficient des dispositifs selon des critères strictement définis.

3.   Création d'une Commission de Contrôle Rattachée à la Cour des Comptes et au Sénat :

Mission : Cette commission serait responsable de contrôler l'utilisation des aides fiscales, d'évaluer leur efficacité et de prévenir les abus. Elle serait chargée de :

Analyser les dispositifs d'aides fiscales en place.

Effectuer des audits réguliers sur le terrain pour vérifier que les bénéficiaires respectent les critères des aides et utilisent correctement les fonds.

Proposer des ajustements ou la suppression de dispositifs mal utilisés.

Indépendance et Transparence : La commission serait indépendante, rendant compte régulièrement au Sénat et à la Cour des Comptes de ses travaux. Elle disposerait des moyens nécessaires pour enquêter et effectuer des contrôles approfondis.

4.   Réajustement des taux d'imposition sur les sociétés (IS) :

Une fois les niches fiscales inefficaces supprimées et les aides restantes réformées, il serait possible de **réduire le taux d'IS** à un taux compétitif tout en maintenant les recettes fiscales nécessaires pour financer les services publics.

Simplification de la fiscalité : Réduire la complexité des déclarations fiscales et des ajustements périodiques des taux, en rétablissant une plus grande prévisibilité pour les entreprises.

Pourquoi cette réforme ?

1.   **Lutter contre les abus et les comportements non productifs :**

Les dispositifs existants permettent parfois des comportements opportunistes, tels que les licenciements de chercheurs malgré la perception d'aides fiscales (ex. CIR), ou l'utilisation d'exonérations fiscales à court terme sans véritable projet d'investissements durables. Cette réforme vise à éliminer ces dérives.

2.   **Améliorer l'efficacité des dépenses publiques :**

En supprimant les niches fiscales inefficaces et en réorientant les aides vers des objectifs stratégiques clairement définis, l'État pourra mieux utiliser ses ressources pour stimuler la croissance durable, l'innovation, et l'emploi.

3.   **Garantir une fiscalité plus simple et plus équitable :**

Réduire les distorsions fiscales créées par les niches fiscales permettra de rétablir une fiscalité plus transparente et juste pour toutes les entreprises, quelle que soit leur taille. Le réajustement des taux d'imposition, combiné à la suppression des aides inutiles, pourra mener à une **réduction du taux d'IS** tout en maintenant les recettes fiscales nécessaires à l'État.

4.   **Renforcer le contrôle et la transparence :**

Une **commission de contrôle indépendante**, rendant compte régulièrement de ses activités, assurera que les fonds publics sont utilisés de manière transparente et efficace. Elle contribuera à restaurer la confiance du public dans les dispositifs fiscaux.

Conclusion

Cette réforme vise à réconcilier l'efficacité fiscale, la compétitivité des entreprises et l'intérêt général. En supprimant les aides inefficaces, en réformant celles qui ont un impact positif, et en réajustant les taux d'imposition, la France pourrait créer un environnement fiscal plus compétitif, plus transparent et mieux adapté aux défis économiques actuels.

Nous appelons à la mise en place de cette réforme, en instaurant une **Commission de Contrôle** indépendante et transparente rendant compte régulièrement au **Sénat** et à la **Cour des Comptes**.

Réforme 23 : Réforme du Crédit d'Impôt Recherche (CIR)

Contexte :

Le Crédit d'Impôt Recherche (CIR), destiné à encourager les investissements en recherche et développement (R&D), a montré ses limites ces dernières années. Les grandes entreprises, bien qu'elles bénéficient de subventions massives, n'en font pas toujours bénéficier l'économie française, notamment en ce qui concerne la production locale et les retombées industrielles. Cette réforme propose de mieux cibler les aides publiques pour soutenir les petites entreprises (PME) et encourager la relocalisation de la production, tout en responsabilisant les grandes entreprises quant à leurs retombées économiques en France.

Objectifs de la réforme :

Renforcer le soutien aux PME : Garantir que les petites entreprises bénéficient d'une plus grande part du CIR, avec des taux d'aide plus favorables.

Encourager la relocalisation de la production : Conditionner une partie du CIR à la production locale et aux retombées industrielles en France.

Assurer la transition écologique : Favoriser les projets de R&D qui répondent aux enjeux écologiques du XXIe siècle.

Éviter les abus et renforcer les contrôles : Mettre en place des mécanismes pour garantir que les fonds publics sont utilisés efficacement et en conformité avec les critères de relocalisation et d'innovation.

Propositions concrètes :

1. Révision des taux du CIR en fonction de la taille de l'entreprise :

A. Grandes entreprises :

Taux de base : 25% sur les dépenses de R&D, jusqu'à 115 millions d'euros éligibles.

Au-delà de 115 millions d'euros : Le CIR est supprimé pour le montant excédant ce seuil.

Bonus écologique et local : Un bonus de 5% est accordé si les projets respectent des critères écologiques et si la production des produits développés grâce à la R&D est partiellement relocalisée en France. Ce bonus sera conditionné à des objectifs de réduction de l'empreinte carbone et de création d'emplois locaux.

Condition de délégation à des PME : Les grandes entreprises devront déléguer une partie de leur R&D à des PME locales pour bénéficier de ce bonus de 5%. La collaboration doit représenter au moins 20% des dépenses de R&D pour être éligible.

B. PME :

Taux de base : 35% sur les dépenses de R&D, jusqu'à 5 millions d'euros éligibles.

Au-delà de 5 millions d'euros : Le taux est réduit à 25%.

Bonus écologique et local : Un bonus de 5% supplémentaire est accordé si les PME respectent des critères écologiques et produisent en France au moins 20% de leurs produits développés grâce à la R&D financée par le CIR.

2. Conditions supplémentaires pour bénéficier du bonus écologique de 5% :

Critères écologiques : Les projets de R&D doivent viser des innovations permettant de réduire l'empreinte écologique (ex. : réduction des émissions de CO_2, efficacité énergétique, recyclage, technologies vertes).

Relocalisation de la production : Une partie de la production des biens développés doit être réalisée en France, avec un minimum de 20% des composants ou produits finis fabriqués localement.

Transparence et suivi : Les entreprises doivent rendre compte chaque année des résultats de la R&D et de la mise en place de la production locale et écologique, avec un rapport annuel publié sur les retombées économiques locales (emplois créés, production en France, etc.).

3. Soutien renforcé aux PME locales :

Augmentation du plafond éligible pour les PME : La part du CIR allouée aux PME sera augmentée pour encourager l'innovation locale et les start-ups. Cela inclut un accompagnement supplémentaire sous forme de subventions et de prêts à taux bonifiés pour les projets de R&D dans des secteurs stratégiques.

Accès facilité aux fonds publics : Mise en place de mécanismes simplifiés pour les petites entreprises afin d'accélérer l'accès au financement pour leurs projets de R&D. Cela inclut la simplification des démarches administratives et une priorité donnée aux projets liés à la transition écologique ou aux technologies de pointe.

4. Renforcement des contrôles et des sanctions :

Contrôles accrus : Des audits réguliers seront effectués pour garantir que les fonds publics sont bien utilisés et que les projets financés respectent les critères de relocalisation et d'empreinte écologique.

Sanctions en cas de non-respect des conditions : En cas de non-respect des critères de production locale ou écologique, les entreprises devront rembourser les aides perçues et s'exposer à des amendes dissuasives.

Vérification des collaborations avec les PME : Une attention particulière sera portée à la vérification des partenariats entre grandes entreprises et PME pour s'assurer que les petites entreprises bénéficient réellement de l'aide et de l'expertise nécessaires.

Bénéfices attendus :

Création d'emplois locaux et relocalisation de la production : L'introduction de critères de relocalisation de la production devrait inciter les grandes entreprises à ramener certaines de leurs lignes de production en France, créant ainsi de nouveaux emplois et renforçant l'économie locale.

Soutien accru aux PME et start-ups innovantes : Les petites entreprises bénéficieront d'une aide renforcée, ce qui leur permettra d'accélérer leur développement et d'être mieux intégrées dans l'écosystème d'innovation français.

Transition écologique : En encourageant des projets de R&D axés sur des technologies écologiques, la réforme contribuera à la transition énergétique et à la réduction de l'empreinte carbone des entreprises françaises.

Réduction des abus : En renforçant les contrôles et les sanctions, cette réforme devrait limiter les détournements de fonds publics et garantir que les aides bénéficient à des projets réellement innovants et utiles pour l'économie française.

Conclusion :

Cette réforme du CIR vise à renforcer l'impact de l'aide publique en R&D, en favorisant une meilleure répartition des ressources entre grandes entreprises et PME, tout en encourageant la relocalisation de la production et l'innovation durable. En ajustant les taux du CIR, en imposant des critères écologiques et de production locale, et en soutenant activement les PME, cette réforme permettra de mieux utiliser les fonds publics pour soutenir l'économie française et répondre aux défis du XXIe siècle.

Réforme 24 : Prise en Compte Obligatoire des Rapports Économiques de la Cour des Comptes dans le PLF

Objectifs

1. **Rationaliser les dépenses publiques** : Réduire les inefficacités et dysfonctionnements économiques signalés par la Cour des comptes.

2. **Renforcer la redevabilité des ministères** : Obliger à des actions concrètes et rapides pour corriger les problèmes identifiés.

3. **Améliorer la transparence budgétaire** : Intégrer les recommandations dans le processus législatif et garantir un suivi parlementaire.

Propositions de la Réforme

1. Obligation de prise en compte dans le PLF

Chaque ministère devra examiner les rapports de la Cour des comptes pertinents pour son domaine.

Si un rapport identifie des dysfonctionnements économiques (surcoûts, inefficacité, bureaucratie excessive, etc.), le ministère concerné devra inclure des mesures correctives dans le **Projet de Loi de Finances (PLF)** suivant.

2. Validation parlementaire

Les mesures correctives devront être soumises à l'examen de la **Commission des Finances de l'Assemblée nationale** et de la **Commission des Finances du Sénat**.

Ces commissions devront avoir lu et analysé les rapports concernés avant de statuer sur les changements proposés.

3. Calendrier obligatoire

Après la publication d'un rapport, les ministères concernés auront **six mois** pour répondre officiellement et proposer des ajustements.

Ces propositions devront être incluses dans le PLF de l'année suivante.

4. Suivi des résultats

Chaque ministère devra rendre compte, dans les deux ans suivant la mise en œuvre, des résultats obtenus grâce aux mesures prises (économies réalisées, simplification administrative, etc.).

Plan de Mise en Application

Phase 1 : Lancement et Période de Test (Durée : 2 ans)

1. **Ciblage des politiques économiques prioritaires**

Identifier 5 à 10 politiques publiques ou dispositifs économiques signalés par des rapports récents comme inefficaces.

Exemple :

Une taxe coûteuse à collecter.

Une subvention mal gérée.

Une politique freinée par la bureaucratie.

2.   Création d'un groupe interministériels

Constituer une cellule de coordination composée de représentants des ministères, de la Cour des comptes, et des commissions parlementaires.

Ce groupe supervisera l'intégration des recommandations dans le PLF.

3.   Communication et formation

Former les équipes ministérielles pour accélérer l'analyse des rapports et leur mise en œuvre.

Lancer une campagne de communication pour informer les citoyens des actions en cours et des résultats attendus.

Phase 2 : Évaluation des résultats

1.   Rapport d'évaluation

Deux ans après le début de la réforme, publier un rapport global analysant□ :

Les économies réalisées.

Les simplifications administratives mises en place.

L'impact économique des corrections.

2.   Adaptations de la réforme

Si les résultats sont concluants, élargir la réforme à d'autres domaines, comme les politiques sociales ou environnementales.

Ajuster les délais et procédures si des blocages ou inefficacités sont identifiés.

Exemples Illustratifs

Exemple 1 : Suppression de Taxes Peu Rentables (PLF 2019)

Sous le premier mandat d'Emmanuel Macron, le gouvernement a suivi les recommandations de la Cour des comptes en supprimant environ **80 petites taxes** jugées inefficaces et coûteuses à collecter. Parmi ces taxes se trouvait la **taxe sur les pieds de vigne**, qui rapportait environ 1,2 million d'euros par an, mais engendrait des coûts administratifs disproportionnés.

Impact : Cette suppression a permis de réduire les coûts administratifs et d'alléger la charge fiscale pour les acteurs concernés, tout en simplifiant la gestion fiscale de l'État.

Exemple 2 : Politique Publique de Remboursement des Dépenses de Santé

Un rapport de la Cour des comptes a révélé que les procédures administratives liées au remboursement des dépenses de santé étaient trop lentes et inefficaces, entraînant des coûts inutiles pour l'administration et des délais de traitement trop longs pour les bénéficiaires.

Proposition corrective : Simplification des procédures administratives, réduction des étapes de validation et automatisation d'une partie des demandes.

Impact attendu : Réduction des coûts administratifs de 5 millions d'euros et amélioration de la satisfaction des citoyens bénéficiaires.

Indicateurs de Suivi

Quantitatifs :

Montant des économies budgétaires réalisées.

Réduction des délais pour la mise en œuvre des politiques corrigées.

Nombre de recommandations appliquées.

Qualitatifs :

Feedback des commissions parlementaires sur la pertinence des mesures.

Évaluation citoyenne de la transparence et de la réactivité des institutions publiques.

Bénéfices Anticipés

Économies mesurables sur les dépenses publiques.

Meilleure allocation des ressources, soutenant la croissance économique.

Renforcement de la confiance des citoyens envers les institutions grâce à des actions concrètes et transparentes.

Création d'un précédent démontrant l'efficacité de la gouvernance par évaluation.

Conclusion :

Cette réforme propose un tournant décisif dans la gestion des finances publiques en France. En garantissant que les recommandations pertinentes de la Cour des comptes soient systématiquement prises en compte dans le **Projet de Loi de Finances (PLF)**, elle vise à renforcer l'efficacité, la transparence et la responsabilité de l'État dans la gestion des ressources publiques.

L'obligation de répondre de manière concrète aux dysfonctionnements identifiés, couplée à un suivi rigoureux par les commissions parlementaires, offre un cadre précis pour que les recommandations ne restent pas lettre morte, mais se traduisent par des actions tangibles. Ce mécanisme constitue une opportunité de faire des économies réelles, de simplifier les processus administratifs et de réduire les gaspillages tout en optimisant la gestion des deniers publics.

Les exemples de réussites passées, comme la suppression de taxes jugées non rentables sous le précédent mandat, démontrent que de telles réformes sont non seulement possibles, mais qu'elles ont des résultats concrets sur le terrain. En outre, la période de test de deux ans permet de garantir que la réforme soit ajustée en fonction des retours et des résultats, avant une généralisation à plus grande échelle.

À long terme, cette réforme pourrait également ouvrir la voie à une extension vers d'autres domaines, notamment l'environnement et le social, en garantissant une gestion publique fondée sur des principes d'efficacité et de justice. Si elle réussit, elle pourrait devenir un modèle pour réconcilier la gestion économique avec les attentes des citoyens, tout en répondant aux défis économiques majeurs auxquels la France fait face aujourd'hui.

Ainsi, cette réforme représente une étape majeure vers une gouvernance publique plus moderne, responsable et réactive, capable de s'adapter aux enjeux du 21e siècle et de redonner confiance aux citoyens dans la gestion de leur argent public.

Industrie

Réforme 25 : Création d'une filière nationale de production de matériel de protection médicale
(BONUS)

Objectifs :

Créer une capacité nationale de production de matériel de protection médicale EPI (masques, blouses, etc.).

Mettre en place un système de stocks d'urgence tournants pour éviter les pertes dues à la péremption.

Renforcer l'indépendance sanitaire de la France et réduire la dépendance vis-à-vis des importations.

Fonctionnement :

1. **Phase initiale :**

Rachat d'entreprises en faillite pour préserver les compétences existantes et minimiser les coûts de démarrage.

Production destinée à alimenter un stock stratégique national établie dans chaque région et fournir les établissements publics à hauteur de 10-15% des besoins pour faire tourner le stock.

2. **Mode "courant" :**

Approvisionnement des institutions publiques (hôpitaux, EHPAD, sécurité civile, pompiers, militaires, infirmeries scolaires).

Optimisation des stocks tournants pour éviter les produits périmés.

3.   **Mode "urgence" :**

Capacité de production augmentée de 3 à 5 fois en cas de crise sanitaire (épidémie, pandémie).

4.   **Privatisation progressive :**

Ouverture progressive du capital avec une participation initiale de l'État à 60%, puis à 40% (pour garder l'option de blocage) après observation.

Maintien d'une régulation par un groupe public chargé de veiller au respect des normes et au contrôle des volumes de commande.

Mesures complémentaires :

Collaboration public-privé (PPP) pour encourager l'innovation et l'efficacité économique.

Conclusion et bénéfices attendus pour la réforme de la filière nationale de production

Conclusion :

La mise en place d'une filière nationale de production de matériel de protection médicale répond à des enjeux stratégiques, économiques et sociaux. Elle garantit à la France une souveraineté sanitaire, essentielle pour faire face à des crises sanitaires futures. Ce projet structuré, étroitement surveillé par l'État dans ses phases initiales, permet d'assurer la pérennité d'une production locale, durable et compétitive. En impliquant le secteur privé à travers des partenariats public-privé (PPP), il stimule également l'innovation et la diversification des solutions, tout en favorisant un écosystème économique vertueux.

Bénéfices attendus :

Souveraineté sanitaire renforcée :

Réduction de la dépendance vis-à-vis des importations pour les équipements essentiels.

Capacité de réponse rapide et efficace en cas de crise sanitaire, grâce à une filière nationale flexible et résiliente.

Réduction des coûts à long terme :

Économie réalisée sur les importations, avec des équipements produits localement.

Optimisation des stocks stratégiques grâce à une gestion en flux tournant, réduisant les pertes dues à la péremption.

Impact écologique positif :

Utilisation de textiles locaux (lin, chanvre) et réduction des matériaux dérivés du pétrole.

Diminution de l'empreinte carbone grâce à une production majoritairement française.

Création d'emplois :

Relocalisation industrielle favorisant le développement de l'emploi dans le secteur textile, les équipements médicaux, et les activités agricoles (lin, chanvre).

Formation et valorisation des compétences techniques et industrielles sur le territoire.

Dynamisme économique local :

Renforcement des circuits courts et stimulation de l'économie régionale, notamment dans les zones rurales productrices de lin et de chanvre.

Développement d'une filière textile innovante et durable.

Commandes publiques stratégiques :

Soutien direct à l'économie nationale par des commandes publiques (hôpitaux, maisons de retraite, écoles).

Effet d'entraînement sur le secteur privé grâce à l'innovation et à la création de standards sanitaires et écologiques.

Conclusion, cette réforme offre une triple opportunité : protéger la santé des citoyens, renforcer l'économie française et adopter une approche respectueuse de l'environnement. Ces initiatives inscrivent la France dans une dynamique d'indépendance et de résilience, tout en répondant aux attentes d'une transition écologique et d'une économie plus solidaire.

Réforme 26 : Développement et production de masques lavables en coton-lin *(BONUS)*

Objectifs :

Introduire des masques lavables fabriqués en France à partir de matériaux locaux comme le lin (propriété antibactérien), mélangés à du coton (ou alternatives comme le chanvre (propriété antifongique)).

Réduire la dépendance aux textiles dérivés du pétrole et améliorer l'empreinte écologique des équipements sanitaires.

Soutenir les structures moins exposées au risque (maison de retraite, écoles, administrations) et les situations de crise sanitaire non pandémiques (gastroentérites, grippes saisonnières).

Plan d'action :

1.   Recherche et développement :

Lancer une offre publique (PPP) pour encourager les entreprises à développer des prototypes conformes aux normes sanitaires.

Étudier des alternatives au coton, comme le chanvre, pour maximiser l'utilisation de ressources locales.

2. **Tests et homologation :**

Phase d'expérimentation en maison de retraite et dans d'autres structures non hospitalières.

Ajustements des modèles pour garantir efficacité, confort et durabilité.

3. **Production et distribution :**

Cibler les institutions publiques pour réduire les coûts grâce à des commandes centralisées.

Promouvoir une fabrication majoritairement française pour créer des emplois locaux et renforcer l'économie nationale.

Conclusion et bénéfices attendus pour la réforme des masques lavables en coton-lin

Conclusion :

La création de masques lavables en coton-lin représente une avancée stratégique alliant innovation, écologie et autonomie nationale. Ce projet encourage une production locale, respectueuse des normes sanitaires et environnementales, tout en réduisant la dépendance aux importations. En s'appuyant sur des matériaux disponibles en France, comme le lin, et sur des partenariats public-privé (PPP), cette réforme ouvre la voie à des solutions durables pour répondre aux besoins en protection individuelle, en particulier dans des environnements à risques modérés.

Bénéfices attendus :

1. **Impact écologique significatif :**

   Réduction de l'utilisation de matériaux dérivés du pétrole et des déchets liés aux masques jetables.

   Encouragement d'une production locale à partir de fibres naturelles (lin, chanvre), limitant l'empreinte carbone.

   Réduction du volume des déchets sanitaires en favorisant des masques réutilisables.

2. **Souveraineté nationale renforcée :**

   Développement d'une capacité locale de production de masques, diminuant la dépendance aux importations.

   Innovation dans la fabrication textile et renforcement des compétences industrielles en France.

3. **Économie à long terme :**

   Diminution des coûts pour les structures utilisant les masques grâce à leur réutilisabilité.

   Réduction des dépenses publiques en équipements de protection, particulièrement pour les collectivités et les institutions publiques.

4. **Soutien à l'agriculture locale :**

Stimulation de la production de lin en France et valorisation de la filière chanvre.

Création de nouvelles opportunités pour les agriculteurs en développant des cultures aux débouchés diversifiés et durables.

5. **Création et pérennisation d'emplois :**

Relance de l'industrie textile française pour le traitement des fibres de lin et de chanvre.

Développement d'emplois dans les secteurs agricole, industriel, et logistiques liés à la fabrication et la distribution des masques.

6. **Utilisation diversifiée :**

Adaptation pour des structures à faible risque sanitaire (écoles, entreprises, collectivités, maisons de retraite).

Réduction des coûts pour les établissements publics en temps de crise modérée (épidémies non critiques comme la gastro-entérite ou la grippe saisonnière).

7. **Innovation et R&D :**

> Encouragement de la recherche pour optimiser les mélanges de fibres naturelles, comme le coton-lin ou le chanvre-lin, et améliorer la filtration tout en respectant les normes.

> Création de nouveaux produits textiles écoresponsables pouvant avoir des applications au-delà des masques.

En résumé, cette réforme combine le volet sanitaire, économique et écologique. Elle offre une solution concrète et pragmatique pour renforcer l'indépendance de la France dans la production d'équipements de protection, tout en s'inscrivant dans une dynamique de transition écologique. En valorisant des matières premières locales et en stimulant l'innovation textile, elle contribue à un avenir plus durable et souverain.

Réforme 27 : Relance de l'industrie textile française pour le lin et le chanvre *(BONUS)*

Objectifs :

Réindustrialiser la filière textile française pour la transformation du lin et du chanvre en produits finis (textiles, vêtements, équipements sanitaires).

Réduire les importations de coton et autres textiles étrangers, en visant une diminution de 10%.

Soutenir une agriculture durable et des pratiques écologiques.

Plan d'investissement :

Allouer une enveloppe initiale de **500 millions d'euros** pour moderniser et installer des équipements industriels capables de transformer le lin et le chanvre.

Soutenir les entreprises par des subventions et des allègements fiscaux pour les projets respectant les normes écologiques.

Encourager la formation et le retour des compétences dans le secteur textile via des partenariats avec des écoles et des centres de formation professionnelle.

Les 500 millions d'euros corresponde à l'économie réaliser sur les importations de coton.

Stratégie de développement :

1.   **Phase 1 :**

Prioriser les produits destinés à la commande publique (masques, blouses, parures de lit) pour sécuriser les débouchés et garantir une rentabilité à court terme.

2.   **Phase 2 :**

Étendre les capacités de production à d'autres secteurs, comme la mode ou les textiles techniques, pour diversifier les revenus.

3.   **Phase 3 :**

Évaluer l'impact économique et environnemental après cinq ans, et ajuster les subventions pour maintenir la compétitivité et encourager l'innovation.

Impact attendu :

Réduction des importations de coton et amélioration de la balance commerciale.

Création d'emplois locaux dans l'agriculture et l'industrie.

Amélioration de la résilience économique et
écologique de la France.

Conclusion

Ces trois réformes, complémentaires, visent à
renforcer la souveraineté sanitaire, réduire la
dépendance aux importations et soutenir une économie
circulaire et locale. Leur succès repose sur une mise en
œuvre progressive et une collaboration étroite entre
l'État, le secteur privé et les acteurs locaux.

Réforme 28 : pour la valorisation de la chicorée en mélange avec le café *(BONUS)*

Contexte et objectif :

La chicorée, historiquement utilisée comme substitut ou complément au café, possède des propriétés intéressantes tant sur le plan gustatif que pour sa production locale en France. Ce projet vise à encourager la production et l'utilisation de la chicorée, tout en favorisant un mélange café-chicorée artisanal pour diversifier les boissons chaudes, réduire la dépendance à l'importation de café et valoriser les pratiques agricoles locales.

Étapes clés de mise en œuvre :

1. **Production de chicorée :**

Encourager les agriculteurs à cultiver de la chicorée destinée à la transformation en racines torréfiées.

Intégrer **des incitations pour les agriculteurs** cultivant déjà la chicorée, afin d'assurer une équité avec les nouveaux entrants dans cette filière.

Mettre en place un soutien technique et financier pour faciliter la transition vers cette culture (matériel de séchage, torréfaction, etc.).

2.	**Transformation artisanale de la chicorée :**

Accompagner les agriculteurs et artisans locaux dans le processus de torréfaction et de mouture des racines.

Développer des ateliers collaboratifs ou des coopératives régionales pour mutualiser les coûts de transformation et de conditionnement.

3.	**Création de mélanges café-chicorée :**

Favoriser des partenariats entre les producteurs locaux de chicorée et les torréfacteurs.

Proposer des mélanges standardisés, comme :

25% chicorée - 75% café : pour un goût doux.

50% chicorée - 50% café : pour un équilibre parfait.

100% chicorée : pour un substitut sans caféine.

Encourager les agro-industriels à intégrer ces mélanges dans leur offre de boissons chaudes, y compris des gammes populaires et accessibles.

4.   **Mise en avant et éducation du consommateur :**

Lancer une campagne nationale pour sensibiliser les consommateurs aux bienfaits de la chicorée, ses saveurs et son intérêt écologique.

Pour véritablement intégrer la chicorée dans les habitudes de consommation, il serait crucial d'inciter les entreprises, notamment par les Comités d'Entreprise (CE), à proposer des options de chicorée dans les machines à café. Cela permettrait non seulement de diversifier l'offre disponible, mais aussi d'améliorer le bien-être des employés, en leur offrant une alternative plus saine et moins sujette à des effets indésirables pour la santé, tout en contribuant à la transition vers une consommation locale et durable.

5.   **Valorisation environnementale et sociale :**

Inscrire la production de chicorée dans une démarche durable en privilégiant des cultures biologiques ou à faible impact environnemental.

Inclure la chicorée dans les programmes de diversification des revenus pour les agriculteurs en zone rurale.

Bénéfices attendus :

Économique : Réduction de la dépendance à l'importation de café, tout en stimulant l'économie agricole locale.

Environnemental : Valorisation d'une culture à faible impact environnemental par rapport au café.

Social : Création d'emplois ruraux et sensibilisation des consommateurs à des alternatives alimentaires plus durables.

Mesures de suivi :

Mise en place d'un observatoire dédié pour évaluer les performances économiques, sociales et environnementales de la filière chicorée.

Adaptation des incitations et des programmes en fonction des retours des producteurs et des consommateurs.

Complément d'information agricole :

La chicorée peut tout à fait être intégrée dans une rotation de culture, et elle est souvent utilisée comme culture intercalaire ou de diversification dans des rotations de céréales. Cependant, la compatibilité avec d'autres cultures comme le lin ou le chanvre dépend de plusieurs facteurs liés à l'agronomie et à la gestion des sols.

1.   Rotation céréales et chicorée :

Avantages :

La chicorée a un système racinaire profond qui améliore la structure du sol en décompactant les horizons profonds.

Elle utilise les nutriments des couches profondes, ce qui peut bénéficier aux cultures suivantes.

Elle permet une interruption des cycles de maladies et de ravageurs spécifiques aux céréales (par exemple, la chicorée n'est pas un hôte pour les maladies fongiques typiques des blés ou des maïs).

Inconvénients :

La chicorée peut demander une gestion spécifique des adventices, car elle ne couvre pas aussi bien le sol que certaines céréales.

2.   Compatibilité avec le lin :

Avantages :

Le lin est également une culture de diversification idéale dans les rotations. Il a des besoins azotés limités et ne partage pas de maladies majeures avec la chicorée, ce qui favorise une alternance saine.

Les deux cultures profitent d'une rotation avec des céréales pour réduire la pression des ravageurs.

Points à surveiller :

Le lin a une faible concurrence avec les adventices, tout comme la chicorée. Dans une rotation, il faudra prévoir des cultures à fort pouvoir couvrant (blé, orge) pour éviter l'enherbement des parcelles à long terme.

Les deux cultures nécessitent un travail du sol soigné, notamment pour le semis, car elles ne tolèrent pas bien les sols compactés.

3. Compatibilité avec le chanvre :

Avantages :

Le chanvre est une culture très bénéfique dans une rotation pour :

Sa capacité à étouffer les adventices grâce à son développement rapide.

Sa tolérance naturelle aux maladies et ravageurs, qui réduit la nécessité de traitements chimiques.

Comme la chicorée, le chanvre a un effet positif sur la structure du sol grâce à son système racinaire profond.

Points à surveiller :

Le chanvre peut être exigeant en termes de gestion de l'humidité du sol et des apports en azote. Une rotation avec chicorée pourrait nécessiter une attention particulière pour éviter l'épuisement des sols.

Les deux cultures demandent des itinéraires techniques spécialisés, ce qui peut augmenter la complexité de la gestion de la rotation.

4.   Points communs et recommandations pour la rotation :

Chicorée, lin et chanvre peuvent tous être des cultures de diversification intéressantes dans un système majoritairement céréales.

Elles contribuent à :

Réduire la pression des maladies spécifiques aux céréales.

Améliorer la qualité des sols et leur structure.

Introduire une valorisation économique complémentaire grâce à des débouchés spécifiques (fibres, racines, huile, etc.).

Recommandations pratiques :

Introduire des cultures intermédiaires (moutarde, trèfle,) pour maintenir la couverture du sol entre deux cultures principales, notamment entre chicorée et lin.

Adapter les rotations en fonction de la fertilité et des objectifs : si le sol est pauvre, privilégier des légumineuses (lentilles, pois) avant ou après ces cultures pour améliorer l'azote disponible.

Conclusion culture :

La chicorée, le lin et le chanvre peuvent s'intégrer dans une rotation avec des céréales, mais leur combinaison demande une gestion réfléchie des sols et des adventices. Si l'objectif est d'améliorer la durabilité de l'exploitation, une rotation incluant ces trois cultures pourrait être idéale, en alternant avec des céréales et des légumineuses pour maximiser les bénéfices agronomiques.

Pour des conseils plus précis, il serait utile de consulter un conseiller agricole local ou une chambre d'agriculture, car les conditions climatiques et pédologiques spécifiques à la région jouent un rôle crucial dans la planification des rotations.

Conclusion Finale :

Cette réforme représente une avancée significative pour la santé publique, l'économie locale et l'environnement, tout en répondant à des enjeux de souveraineté alimentaire. Cependant, elle nécessite un suivi attentif et un accompagnement rigoureux des acteurs agricoles et industriels pour garantir son succès. L'équité entre les producteurs existants et les nouveaux entrants doit être assurée, et des mesures doivent être prises pour garantir l'accessibilité de la chicorée pour tous les consommateurs.

Réforme 29 : Transparence accrue pour l'étiquetage des produits textiles et des produits utilisant des ingrédients pétrochimiques

Objectif : Cette réforme vise à renforcer la transparence de l'étiquetage des produits, en particulier dans les secteurs textiles et des produits d'entretien, pour permettre aux consommateurs de faire des choix informés. Cela répond aux attentes de nombreux citoyens soucieux de l'origine des produits et des risques potentiels liés aux ingrédients chimiques.

Partie 1 : Étiquetage des produits textiles

1. Indication de la matière et de son origine géographique

Tous les produits textiles devront indiquer de façon lisible sur l'étiquette :

La matière principale et son pays d'origine, même si le textile est composé de plusieurs matières. Par exemple, un produit composé à 60 % de coton provenant du Portugal et à 40 % de lin de France devrait mentionner précisément : *"Coton Portugal 60 %, Lin France 40 %"*.

2. Mention obligatoire du pays de fabrication (MADE IN)

Afin de garantir la transparence du lieu de production, chaque textile devra obligatoirement porter la mention du pays de fabrication sous la forme *"Made in [pays]"*. Cette information permettra de clarifier les conditions sociales et environnementales sous lesquelles les produits ont été fabriqués.

Cette exigence ne repose pas sur des labels spécifiques, qui restent à la discrétion des associations, mais sur des informations essentielles et standardisées.

Partie 2 : Étiquetage des produits contenant des ingrédients issus de la pétrochimie

1.   Signalement des ingrédients listés comme dangereux ou allergènes

Tous les produits d'entretien, produits ménagers, et autres articles contenant des ingrédients issus de la pétrochimie devront mentionner les ingrédients que les autorités ont identifiés comme :

Dangereux pour la santé humaine (cancérogènes, perturbateurs endocriniens, etc.)

Risque allergique (allergènes connus, notamment pour les jeunes enfants)

2. Mise en forme des ingrédients à risque pour une meilleure visibilité

Ces ingrédients devront être affichés en caractères **gras** ou *italiques* pour une visibilité immédiate, quel que soit leur pourcentage de présence dans le produit. Exemple d'étiquetage : *"Contient : **parfum**, **benzisothiazolinone"***

3. Protection du secret industriel

Cette réforme respecte le secret industriel, car elle ne demande pas la liste complète des ingrédients ni leurs proportions exactes. Elle se concentre uniquement sur les substances listées comme préoccupantes pour la santé publique, pour assurer une sécurité accrue sans dévoiler les compositions exactes des produits.

Conclusion

Ces deux sections visent à renforcer la transparence pour le consommateur sans imposer un fardeau excessif aux fabricants. En favorisant des indications claires et standardisées, cette réforme aide les citoyens à mieux choisir les produits qu'ils achètent, à éviter des substances à risque et à promouvoir des pratiques de production éthiques et respectueuses des normes de santé.

Réforme 30 : Lettre de Motivation : Limitation de l'Obligation aux Postes à Responsabilités ou Cadres

Contexte

La lettre de motivation, traditionnellement exigée pour chaque candidature, est souvent perçue comme une formalité redondante, particulièrement pour les emplois de base ou peu qualifiés. En raison de la numérisation croissante, cette exigence est devenue non seulement un gaspillage de papier, mais également une consommation excessive de données numériques, sans réelle valeur ajoutée pour l'employeur. Cette réforme propose de limiter l'obligation de rédiger une lettre de motivation aux seuls postes à responsabilités ou cadres, où les compétences et la vision stratégique du candidat sont cruciales, tout en réduisant le gaspillage écologique et l'inefficacité administrative.

Principe de la réforme

La réforme vise à alléger la charge administrative des candidats, en particulier ceux postulant pour des postes de base, où une lettre de motivation est souvent inutile et redondante. L'idée est de simplifier les démarches de recrutement pour ces postes, en se concentrant sur l'essentiel : le CV et les qualifications du candidat. Seuls les postes à responsabilités, où le jugement sur les motivations et la vision du candidat est primordial, justifieront l'exigence d'une lettre de motivation.

Détails de la réforme

1. Limitation de l'obligation de la lettre de motivation :

La lettre de motivation ne sera requise que pour les postes dits "à responsabilités" ou pour les emplois de cadres. Ces postes impliquent des décisions stratégiques, managériales ou de haut niveau, où la motivation personnelle du candidat et son alignement avec les objectifs de l'entreprise sont des éléments déterminants.

Pour les autres postes, comme ceux de travail manuel, opérateurs, employés de bureaux de niveau bas, la lettre de motivation sera facultative.

2. Suppression de la lettre pour certains types de candidatures :

Les candidatures pour des postes dont les tâches sont principalement techniques ou répétitives, ou les emplois dans les secteurs où la qualification technique est plus déterminante que la motivation personnelle, ne nécessiteront plus de lettre de motivation.

Les candidatures pour ces types de postes devront se concentrer uniquement sur les informations objectives fournies dans le CV (formation, expériences professionnelles, compétences techniques).

3.   **Impact écologique et numérique** :

Réduction du gaspillage de papier pour les candidatures envoyées sous forme imprimée et réduction de la consommation de données pour les candidatures électroniques.

Encouragement à l'optimisation des processus de recrutement numériques en réduisant le volume de documents inutiles transmis.

4.   **Simplification du processus de recrutement** :

Les recruteurs pourront mieux se concentrer sur le contenu du CV, la cohérence du parcours professionnel et les qualifications du candidat.

L'élimination de la lettre de motivation pour les postes non stratégiques permettra également de fluidifier le processus de sélection, en accélérant le temps de réponse et en réduisant les délais de recrutement.

Exemples d'application

- **Poste de cadre ou de responsable** : Le recruteur s'attend à une lettre qui explique les motivations du candidat, ses aspirations professionnelles, et sa vision de l'entreprise et du poste.

- **Poste d'ouvrier ou de technicien** : Seule une candidature contenant un CV détaillé est nécessaire. La lettre de motivation serait jugée superflue, sauf si le candidat souhaite ajouter une dimension personnelle à sa candidature.

Objectifs de la réforme

1. **Gaspillage de ressources** : Réduire la production de documents inutiles, tant en format papier que numérique, afin de répondre à un enjeu écologique de plus en plus pressant.

2. **Simplification administrative** : Alléger le processus de candidature pour les postes non qualifiés, permettant aux recruteurs de se concentrer davantage sur les compétences objectives des candidats.

3. **Cohérence et efficacité** : Offrir une plus grande clarté et cohérence dans le processus de recrutement, en éliminant des étapes jugées non nécessaires pour certaines catégories de postes.

Suivi et évaluation

- **Évaluation de l'impact** : Un suivi annuel sera effectué pour évaluer l'impact de cette réforme, en mesurant la réduction de la consommation de papier et de données numériques, ainsi que la satisfaction des recruteurs et des candidats.

- **Ajustement des critères de responsabilité** : Un comité pourrait être formé pour ajuster et affiner les critères de définition des "postes à responsabilités", en fonction des évolutions économiques et sociétales.

Conclusion

Cette réforme vise à rendre le processus de recrutement plus simple, plus rapide et plus respectueux de l'environnement. En limitant la lettre de motivation aux seuls postes où elle est réellement utile, elle permet de mieux cibler l'effort des candidats et des recruteurs, tout en réduisant le gaspillage de ressources. Elle offre ainsi un modèle de candidature plus adapté aux réalités modernes du marché du travail, où l'efficacité et la simplicité sont des valeurs essentielles.

Santé

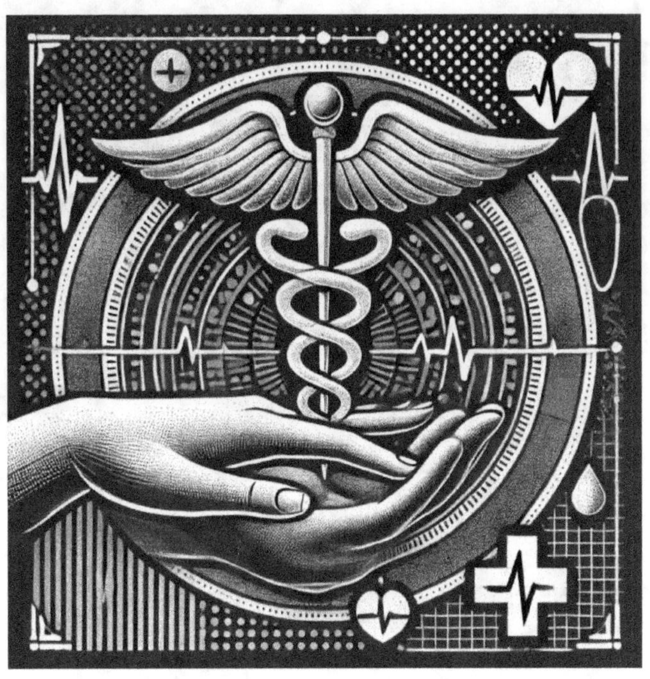

Réforme 31 : Amélioration du Système Hospitalier des urgences

Contexte

Le système hospitalier en France est soumis à une pression croissante, notamment dans les services d'urgence, qui font face à un afflux de patients souvent inappropriés. Cette situation engendre des délais d'attente prolongés et une surcharge de travail pour le personnel médical. Parallèlement, les jeunes médecins rencontrent des difficultés pour acquérir de l'expérience et générer des revenus suffisants en début de carrière.

Objectifs de la Réforme

1. **Optimiser le fonctionnement des urgences** :

Réduire la charge sur les services d'urgence en réorientant les patients vers des soins appropriés.

2. **Former les jeunes médecins** :

Offrir aux nouveaux diplômés l'opportunité de se former dans un environnement pratique tout en leur garantissant un revenu.

3. **Utiliser efficacement les compétences des infirmiers**

Valoriser le rôle des infirmiers praticiens dans la gestion des soins de santé de première ligne.

Propositions

1.   Bureaux de Médecins Généralistes aux Urgences :

Mettre en place des bureaux où des médecins généralistes, en début de carrière, pourront traiter des cas non urgents (ex : rhume, grippe).

Ces jeunes médecins bénéficieraient d'un cadre de travail qui leur permettrait de gagner de l'expérience tout en ayant un revenu pour faire face à leurs emprunts étudiants.

2.   Infirmiers Praticiens à l'Accueil des Urgences :

Former et intégrer des infirmiers praticiens en tant que premiers points de contact dans les services d'urgence, capables de gérer des soins de base et des blessures mineures.

Sous la supervision d'un médecin généraliste, ces infirmiers pourraient effectuer des évaluations préliminaires et orienter les patients vers les soins appropriés.

3.   **Collaboration Interdisciplinaire** :

Créer une synergie entre médecins généralistes, infirmiers et autres professionnels de santé pour une gestion efficace des patients.

Établir des protocoles clairs pour orienter les patients vers le bon service, évitant ainsi les engorgements.

4.   **Formation Continue et Mentorat** :

Offrir des programmes de formation continue pour les jeunes médecins, avec des mentors expérimentés pour les guider dans leurs premières années de pratique.

Favoriser des sessions de formation sur la gestion des urgences et le triage des patients.

Conclusion

Cette réforme vise à améliorer le fonctionnement du système hospitalier français en allégeant la charge des urgences, en soutenant la formation des jeunes médecins et en valorisant le rôle des infirmiers praticiens. En réorganisant la prise en charge des patients, nous pouvons créer un environnement plus efficace et réactif, tout en préparant la nouvelle génération de professionnels de santé à répondre aux défis futurs.

Réforme 32 : Taxation du sucre et des édulcorants artificiels

1.Objectifs de la réforme :

Cette réforme vise à réformer la taxation des produits contenant du sucre et des édulcorants artificiels, avec un système de taxes progressives en fonction de la quantité de sucre et d'édulcorants. Elle cherche également à améliorer la prévention sanitaire à travers des actions éducatives et informatives sur les risques liés à une consommation excessive de sucre, conformément aux recommandations de l'OMS.

2. Taxation sur les produits sucrés et les édulcorants artificiels :

Taxe de base :

Une taxe de 0,30 € par litre est appliquée sur les boissons sucrées (au-delà de 5g de sucre par 100 ml, conformément à la recommandation de l'OMS).

Surtaxes :

Surtaxe 1 : Une surtaxe de 0,02 € par gramme est appliquée pour chaque gramme de sucre ou d'équivalent de sucre (y compris les édulcorants artificiels convertis en équivalent sucre) dépassant les 25g de sucre par litre (soit 25g pour 330 ml).

Surtaxe 2 : Si le total des équivalents sucre dépasse les 50g par litre, la surtaxe double, soit 0,05 € par gramme pour chaque gramme excédentaire.

Calcul des taxes :

Les taxes s'additionnent, c'est-à-dire que pour chaque palier franchi (25g et 50g), la surtaxe est cumulée. Par exemple, une boisson contenante 60g de sucre par litre sera taxée comme suit :

Taxe de base : 0,30 € / L.

Surtaxe 1 : (60g - 25g) * 0,02 € / g = 0,70 €.

Surtaxe 2 : (60g - 50g) * 0,05 € / g = 0,50 €.

Total des taxes : 0,30 € (base) + 0,70 € (surtaxe 1) + 0,50 € (surtaxe 2) = 1,50 €.

Équivalent sucre des édulcorants artificiels :

Les édulcorants artificiels seront également pris en compte dans la taxe, en fonction de leur équivalence en sucre. Par exemple, l'aspartame et le sucralose, une fois convertis en équivalents sucre, feront l'objet d'une taxation proportionnelle.

Formule de Conversion des Édulcorants en Équivalents Sucre :

Les édulcorants artificiels tels que l'aspartame, la saccharine, et le sucralose seront convertis en équivalents de sucre en fonction de leur pouvoir sucrant. La conversion se fera selon la formule :

Équivalent sucre (g)=Quantite´ d'édulcorant (mg)× Pouvoir sucrant de l'édulcorant/1000

Par exemple, pour l'aspartame (avec un pouvoir sucrant de 200), chaque milligramme d'aspartame équivaudra à 0,2 g de sucre.

3.Affectation des recettes fiscales :

Les recettes générées par les surtaxes (Surtaxe 1 et Surtaxe 2) seront utilisées pour financer des initiatives de prévention sanitaire et de réduction des maladies liées à l'alimentation, notamment :

Financement des actions de prévention en lien avec la santé publique, en particulier celles qui concernent les maladies liées à l'alimentation (diabète, obésité, maladies cardiovasculaires, etc.).

Ces fonds seront directement affectés à la Sécurité Sociale, afin de soutenir les programmes de prévention et de sensibilisation aux risques sanitaires liés à la consommation excessive de sucre et d'édulcorants artificiels.

4.Distribution du manifeste de prévention :

Objectifs de sensibilisation :

Le manifeste vise à informer la population sur les dangers de la consommation excessive de sucre et des édulcorants artificiels, tout en offrant des conseils pour adopter une alimentation plus saine.

Points de distribution :

Médecins : Les médecins généralistes, pédiatres, endocrinologues, et autres professionnels de santé remettront le manifeste à leurs patients à risque (obésité, diabète, maladies cardiovasculaires).

Pharmacies : Les pharmaciens distribueront également le manifeste lors de la vente de produits sucrés ou contenant des édulcorants, ainsi qu'à toute personne demandant des conseils sur la santé.

Écoles : Le manifeste sera distribué aux parents via les écoles dans le cadre des initiatives de prévention des maladies liées à l'alimentation dès le plus jeune âge.

Site Internet dédié : Un site internet sera créé pour fournir des informations détaillées sur les risques liés à la consommation excessive de sucre et d'édulcorants, ainsi que des conseils pratiques. Le site permettra également aux utilisateurs de télécharger le manifeste en version PDF et d'accéder à des outils interactifs pour suivre leur consommation de sucre.

5.Éducation et prévention :

Objectifs :

Sensibiliser les patients aux risques liés à la consommation excessive de sucre et d'édulcorants artificiels.

Informer les parents sur l'importance d'une alimentation équilibrée dès le plus jeune âge, afin de prévenir les maladies liées à l'alimentation.

Utiliser le manifeste et le site internet comme des outils d'éducation continue pour toute la population.

6. Suivi et évaluation :

Des rapports annuels seront publiés par la Sécurité Sociale sur les résultats de cette réforme, notamment sur l'évolution de la consommation de sucre et l'impact sur la santé publique.

Des études de suivi seront réalisées pour évaluer l'efficacité des actions de prévention, l'impact de la taxe sur la consommation des produits sucrés et des édulcorants, et le retour de la population sur le manifeste et les initiatives éducatives.

7. Conclusion :

Cette réforme vise à réduire la consommation de sucre et d'édulcorants artificiels en utilisant un système de taxation progressif et en soutenant des actions de prévention via des canaux éducatifs multiples. Elle permettra de réduire les risques sanitaires à long terme tout en contribuant au financement des actions de santé publique, en accord avec les recommandations de l'OMS pour limiter la consommation de sucres libres.

Education

Réforme 33 : Création d'une Heure Hebdomadaire Dédiée aux Programmes de Prévention du CM1 à la 5□

Contexte :

L'éducation nationale manque d'un cadre structuré pour former les élèves à des compétences pratiques et citoyennes indispensables, tout en assurant une prévention efficace contre les risques du quotidien. Cette réforme vise à instaurer une heure hebdomadaire obligatoire pour aborder des thèmes cruciaux tels que l'instruction civique, la prévention sanitaire, et les compétences pratiques.

L'objectif est de réduire les inégalités de savoir, de lutter contre les idées reçues, et de garantir une égalité d'accès aux connaissances fondamentales pour tous les élèves, indépendamment de leur milieu familial.

Objectifs principaux :

Instruction civique :

Comprendre le fonctionnement des institutions républicaines et des valeurs fondamentales de la République (liberté, égalité, fraternité).

Sensibiliser à l'importance de la démocratie et des droits et devoirs du citoyen.

Prévention sanitaire et nutritionnelle :

Lire et comprendre les étiquettes nutritionnelles des produits alimentaires.

Prévenir les maladies liées à l'alimentation (obésité, diabète, caries) et promouvoir une alimentation équilibrée.

Compétences pratiques et prévention des risques :

Formation aux gestes de premiers secours (en collaboration avec des professionnels agréés).

Sensibilisation aux dangers des addictions (tabac, alcool, drogues, écrans).

Développement de gestes écoresponsables : tri des déchets, économies d'eau, etc.

Sensibilisation à la cybersécurité et aux fake news.

Diffusion des savoirs au-delà de la 5☐ :

Mise à disposition des contenus sur une plateforme numérique et sous forme de livres disponibles dans les CDI et bibliothèques municipales.

Intégration d'une application mobile dédiée, accessible sans inscription ni publicité, pour assurer un accès pratique et universel.

Structure et mise en œuvre :

Temps alloué

Une heure hebdomadaire obligatoire intégrée à l'emploi du temps des élèves, du CM1 à la 5□.

Cette heure ne s'ajoute pas à la charge horaire totale mais sera intégrée dans une révision globale du planning scolaire.

Contenus pédagogiques

Créés par des experts reconnus (pédopsychiatres, enseignants, nutritionnistes, magistrats, spécialistes en cybersécurité, etc.).

Programmes modulaires adaptés à chaque niveau scolaire, mis à jour tous les trois ans en fonction des priorités sanitaires et sociales.

Méthodes pédagogiques

Cours interactifs : jeux éducatifs, études de cas, projets collaboratifs.

Utilisation du contenu numérique et littéraire en classe pour informer les élèves sur leur existence et les familiariser avec leur usage.

Interventions de professionnels extérieurs (pompiers, diététiciens, magistrats).

Formation des enseignants

Formation dédiée pour les professeurs en charge de cette heure, afin de garantir la neutralité et la qualité pédagogique des cours.

Extension et dynamisation via une application mobile :

Application informative

But non lucratif, sans inscription ni publicité.

Accès simplifié aux thématiques proposées (nutrition, premiers secours, cybersécurité, valeurs républicaines).

Concours annuel pour la création de jeux éducatifs

Concours organisé avec les écoles de programmation et de jeux vidéo francophones pour intégrer des mini-jeux sur les thématiques abordées.

Sensibilisation des futurs professionnels à la consommation énergétique des data centers et au développement durable.

Un jury composé d'enseignants, pédagogues, professionnels du numérique, et experts thématiques pour évaluer les projets.

Ce concours permettra de renouveler l'application et d'intégrer régulièrement de nouveaux thèmes.

Exemples de programme par niveau scolaire :

CM1 et CM2

Valeurs républicaines et rôle du citoyen.

Lecture d'étiquettes alimentaires : identifier les produits ultra-transformés.

Prévention des accidents domestiques.

6ᵉ

Premiers secours : alerter, protéger, secourir.

Introduction à la santé mentale : gestion du stress.

Tri des déchets et respect de l'environnement.

5ᵉ

Cybersécurité et reconnaissance des fake news.

Nutrition avancée : impact des sucres cachés.

Lutte contre le harcèlement scolaire et les discriminations.

Avantages attendus :

Réduction des inégalités

Un accès égalitaire aux savoirs fondamentaux pour tous les élèves.

Meilleure santé publique

Réduction des comportements à risque grâce à une prévention précoce.

Sensibilisation aux impacts d'une mauvaise alimentation.

Citoyenneté active

Une meilleure intégration des valeurs républicaines dès le plus jeune âge.

Formation des générations futures

Sensibilisation des futurs professionnels aux enjeux écologiques et éducatifs via le concours annuel.

Économies à long terme

Réduction des coûts liés aux maladies évitables et aux comportements à risque.

Mesures de suivi et d'évaluation :

Évaluation annuelle

Enquêtes auprès des élèves et enseignants pour mesurer l'impact des programmes.

Mise à jour régulière

Révision des contenus pédagogiques tous les trois ans pour répondre aux nouveaux défis.

Rapports ministériels

Analyse annuelle de l'impact sur la santé publique, la citoyenneté et les compétences pratiques des élèves.

Conclusion

En intégrant une heure hebdomadaire dédiée à la prévention et à l'instruction civique dans le programme scolaire, cette réforme forme des citoyens mieux préparés, tout en valorisant l'accès universel au savoir. La dynamique créée par le concours annuel et l'utilisation des supports numériques et littéraires assurera une diffusion durable et évolutive des contenus.

Réforme 34 : Réintroduction de l'Instruction Civique à partir du CM2 à la 3ème

Objectif :

Instaurer un programme progressif d'instruction civique et citoyenne du CM2 à la 3e, visant à former les élèves aux principes et aux institutions de la République française, et à leur donner les outils pour devenir des citoyens informés, quel que soit leur cadre familial. L'accent sera mis sur l'acquisition progressive de compétences en matière de citoyenneté, sur la participation à la vie collective et sur le respect des règles et des lois de la république. Attention cela doit rester **apolitique**.

Principes Généraux :

Approche Progressive : Le programme sera structuré par année de façon à ce que chaque niveau couvre des concepts adaptés à l'âge des élèves.

Répétition et approfondissement : Chaque année, le premier trimestre sera consacré à réviser le programme de l'année précédente, consolidant les connaissances acquises avant d'introduire de nouveaux concepts.

Accompagnement pédopsychologie : Des pédopsychologues seront impliqués dans la création des contenus, notamment pour les notions sensibles, afin que les contenus soient adaptés à la compréhension et au bien-être des élèves.

Les cours d'instructions civiques feront une heure toutes les deux semaines durant toute l'année scolaire.

Programme Annuel :

CM2 : Introduction aux valeurs de la République et aux symboles (drapeau, devise, Marianne), les droits et devoirs fondamentaux, la vie scolaire.

Exercice pratique : Discussion en classe sur le respect des règles dans l'école.

6e : Étude des institutions de la République (présidence, parlement, sénat, mairie), découverte de la notion de citoyenneté et des élections.

Exercice pratique : Simulation d'élection en classe, avec candidature, discours, vote, et dépouillement des voix.

5e : Approfondissement des droits et devoirs des citoyens, introduction aux différents types de collectivités locales (régions, départements, communes, canton et communautés de communes).

Exercice pratique : Recherche sur les services de la commune et leurs rôles dans la vie des citoyens.

4e : Introduction aux processus législatifs et aux moyens d'expression des citoyens (pétitions, manifestations, droit de grève et référendum).

Exercice pratique : Simulation d'une e-pétition en classe pour une modification temporaire du règlement de l'école (exemple : remplacement temporaire d'une collation, changement d'une règle mineure, etc.).

3e : Étude approfondie des droits et libertés (liberté de conscience, d'expression, de réunion), introduction au droit international et aux institutions européennes.

Exercice pratique : Élaboration d'une proposition citoyenne qui pourrait être transmise symboliquement aux instances dirigeantes de l'école ou de la mairie.

Simulation Pratique d'E-pétitions et de RIC :

Pour ancrer la théorie dans la pratique, des simulations d'e-pétitions ou de RIC seront mises en place pour certains niveaux. Ces exercices permettront aux élèves de se confronter aux notions de prise de décision collective et de validation de leurs propositions, tout en développant un sens critique et une conscience civique.

Exemples de Simulations :

4e : Simulation d'une e-pétition pour un changement temporaire, comme remplacer les pains au chocolat par des croissants pendant une semaine.

3e : Simulation d'une proposition pour modifier de façon durable un élément du règlement scolaire, comme avancer la fin des cours de 5 minutes pour faciliter l'accès au transport scolaire.

Étapes de la Simulation :

Initiation et rédaction de la pétition : Les élèves rédigent une pétition en suivant les étapes de justification et d'objectif clair. Ils doivent aussi identifier si leur proposition est temporaire ou durable et l'expliquer.

Collecte de signatures : Les élèves présentent leur pétition aux autres élèves et collectent un nombre de signatures pour la valider.

Validation par la direction : Une fois les signatures recueillies, la pétition est soumise à la direction pour évaluer la faisabilité.

Décision et application : Si la pétition est validée, la décision est appliquée pour la durée spécifiée.

Bilan : Un retour est fait avec les élèves pour voir l'effet du changement, réfléchir aux points positifs et aux ajustements éventuels.

Conclusion Pédagogique :

Ce programme d'instruction civique est conçu pour former les élèves à une citoyenneté active, en leur enseignant le fonctionnement des institutions françaises et en leur offrant des simulations d'exercice citoyen. En introduisant progressivement des responsabilités et des processus décisionnels, l'objectif est de former des jeunes citoyens capables de contribuer de façon constructive à la vie de la République française.

Ce programme, par son approche structurée et pratique, permettrait aux élèves d'apprendre la citoyenneté de manière concrète, tout en respectant leur rythme de développement et en garantissant une progression équilibrée.

Réforme 35 : Développement des Micro-Lotissements Écoresponsables (Tiny Houses)

Objectifs principaux :

1.   **Adapter les normes d'isolation aux climats locaux** : Collecter des données pour établir des normes nationales et locales applicables à tous types de bâtiments, en optimisant l'efficacité énergétique et environnementale.

2.   **Offrir des logements accessibles** : Répondre aux besoins des étudiants et des familles en attente d'un HLM via des micro-lotissements écologiques, fonctionnels et socialement responsables.

3.   **Former des professionnels qualifiés** : Intégrer le projet dans les parcours de formation des élèves des LEP (Lycées d'Enseignement Professionnel), SECOF et AFPA, en remplaçant leurs stages traditionnels par la construction de micro-lotissements dédiés aux étudiants.

Structure de la réforme :

La réforme se décline en **trois grandes étapes** et repose sur un modèle structuré pour les différents types de micro-lotissements.

Étape 1 : Construction Initiale et Test à Vide

Durée : Années 1-2

Objectif : Construire des micro-lotissements étudiants et collecter des données sur les performances thermiques et énergétiques des tiny houses non habitées.

Organisation :

1.   **Construction** :

Réalisée uniquement pour les **Micro-Étudiants (Micro-E)** par des élèves en formation professionnelle des **LEP**, **SECOF** et **AFPA**.

Ce travail remplace leur stage obligatoire et leur permet de valider leur année scolaire.

Les élèves sont organisés en équipes de 3 à 4, encadrés par leurs professeurs lors des travaux pratiques.

2.   **Conditions des enseignants :**

Les professeurs responsables du transport des élèves vers les chantiers sont indemnisés via un **forfait déplacement**.

3.   **Design des Tiny Houses** :

Type TE *(Tiny Étudiant)* :

Surface au sol : 16 m².

Surface habitable totale (avec mezzanine) : 22 m².

Configuration : Une chambre mezzanine, kitchenette, espace de vie, toilettes individuelles (obligatoires). Douche prévue dans le bâtiment commun.

Bâtiment commun :

Surface : 50 à 60 m².

Comprend :

Douches avec système d'eau recyclée.

Toilettes écologiques.

Laverie.

Espace commun polyvalent.

4.   **Énergies renouvelables** :

Les tiny houses doivent être conçues en **énergie positive** grâce à l'installation de systèmes solaires, éoliens ou autres technologies adaptées.

Bilan attendu :

Formation pratique des élèves et expérimentation des matériaux.

Validation des performances énergétiques et thermiques des tiny houses non habitées.

Étape 2 : Expérimentation en Situation Réelle

Durée : Années 3-4

Objectif : Tester les tiny houses dans des conditions réelles d'habitation par des étudiants, tout en recueillant des données pour optimiser les performances.

Organisation :

1. **Occupants** :

Étudiants âgés de 18 ans et plus, prioritairement boursiers issus de familles modestes.

Une tiny supplémentaire est réservée à un adulte encadrant pour la gestion quotidienne.

2. **Logement étudiant gratuit** :

Le logement est offert en échange de la participation à l'expérimentation.

3.   **Protocole expérimental** :

Créé par des facultés pour garantir la rigueur scientifique des données collectées.

Étude des usages énergétiques, thermiques, et hydriques.

4.   **Modifications techniques** :

Des ajustements basés sur les retours des étudiants seront réalisés pendant les vacances d'été.

Bilan attendu :

Collecte de données complètes sur l'efficacité des tiny houses habitées.

Validation des systèmes et matériaux pour une application future.

Étape 3 : Établissement des Normes et Déploiement Étendu

Durée : Année 5

Objectif : Définir des normes applicables à tous types de bâtiments et préparer la mise en œuvre des micro-lotissements sociaux.

Organisation :

1.   Création des normes :

Deux volets :

Norme nationale de base pour tous types de bâtiments.

Normes adaptées aux spécificités climatiques locales (départementales ou régionales).

2.   Mise en œuvre des Micro-Sociaux (Micro-S) :

Construction réalisée uniquement par des **professionnels** (les élèves ne participent pas).

Déploiement à partir de l'année 6, une fois les normes établies.

Bilan attendu :

Adoption des nouvelles normes pour améliorer l'isolation et la performance énergétique de tous les bâtiments.

Transition vers des micro-lotissements dédiés au logement social.

Aspects Techniques et Financiers

Loyers des Tiny Houses

1.   **Micro-E :**

Loyer fixé à 250 € par mois charges comprises (eau, électricité).

Ce tarif est couvert par les aides sociales type CAF (APL).

Les encadrants bénéficient d'un logement de fonction sans loyer, considéré comme un avantage en nature.

2.   **Micro-S :**

Loyer calculé selon un barème respectant les plafonds APL, charges non incluses.

Exemples :

Tiny TS1 : Environ 350-400 €/mois.

Tiny TS2 : Environ 500-550 €/mois.

Rentabilité

Micro-E :

Rentabilité atteinte en 10 à 12 ans grâce à des loyers modérés et à des charges faibles (énergie positive).

Micro-S :

Rentabilité plus rapide (environ 8 à 10 ans) en raison de loyers plus élevés et des charges à la charge des locataires.

Principes généraux des Micro-Lotissements

Types de Micro-Lotissements

1.   **Micro-Étudiant (Micro-E) :**

8 tiny de type TE.

2 tiny de type TS1 *(Tiny Sociale 1 - Famille de 4)* pour des besoins particuliers.

Terrain requis : environ **500 à 600 m²**, avec un bâtiment commun incluant :

Toilettes écologiques,

Douches avec eau recyclée,

Laverie,

Espace de vie commun

2.   **Micro-Social (Micro-S) :**

7 tiny de type TS1.

3 tiny de type TS2 *(Tiny Sociale 2 - Famille de 6)* :

Surface au sol : 36 m².

Surface habitable totale (avec mezzanine) : 48 m².

Terrain requis : environ **600 à 700 m²**, avec un bâtiment commun similaire.

Énergies et Écologie

Les Tiny Houses fonctionnent en **énergie positive**, avec des équipements en énergies renouvelables (solaire, éolien, etc.).

Limites de Construction

1.   **Micro-E :**

1 micro-lotissement par tranche de 500 étudiants, construit proche ou sur un terrain d'école.

2.   **Micro-S :**

1 micro-lotissement par tranche de 10 000 habitants.

Projet validé par la commune, la communauté de communes (com-com), et le préfet.

Un délai de 2 ans est requis entre la fin d'un projet Micro-S et le début d'un nouveau dans la même commune, pour éviter des risques de ghettoïsation ou de bidonvilisation.

Critères de Sélection des Locataires

1.   **Micro-E** :

Priorité aux boursiers et aux étudiants issus de familles à faibles revenus.

Logement gratuit pendant les phases d'expérimentation.

2.   **Micro-S** :

Sélection effectuée par la commune, en collaboration avec les services sociaux et la CAF.

Possibilité d'intégrer des familles via des candidatures transmises par ces organismes.

Impact attendu :

Transition écologique : Généralisation des techniques d'isolation optimisées.

Formation professionnelle renforcée pour les étudiants des filières techniques.

Réponse partielle à la crise du logement étudiant et social.

Modèle reproductible, écoresponsable et adapté aux besoins locaux.

Cette réforme est un point de départ structurant pour des logements durables, accessibles et en cohérence avec les enjeux climatiques et sociaux.

Une ambition partagée pour un futur durable

Ce recueil de 35 réformes témoigne d'une vision claire : celle d'une France résiliente, juste et engagée dans la transition nécessaire vers un modèle de société plus équilibré. À travers des propositions qui touchent aussi bien l'écologie, l'économie, l'éducation, la santé ou encore l'industrie, ce document s'efforce de démontrer que des solutions concrètes et pragmatiques existent pour répondre aux défis de notre temps.

Chaque réforme présentée ici repose sur trois piliers essentiels :

1. **L'équilibre entre innovation et tradition** : Des idées novatrices comme la création des micro-lotissements écologiques ou la valorisation des déchets en biogaz s'allient à la préservation de nos savoir-faire, tels que le développement de la filière textile française.

2. **Une transversalité assumée** : Aucune réforme ne se limite à une seule sphère. Par exemple, des mesures écologiques comme le recyclage des bouteilles PET influencent directement des secteurs économiques et industriels, tandis que des réformes politiques telles que la révision des niches fiscales impacte l'ensemble de la société.

3. **La participation citoyenne** : Ces propositions ne sauraient être mises en œuvre sans l'adhésion et l'implication de chacun. Qu'il s'agisse de réduire la dette publique grâce aux « Obligations Citoyennes » ou de renforcer les pratiques durables, le succès passe par une mobilisation collective.

Conclusion :

Ce recueil ne prétend pas offrir des réponses définitives. Il se veut avant tout une base de réflexion et d'action, un outil pour susciter le débat et engager les forces vives de notre pays. Les réformes ici présentées sont des pistes qui nécessiteront ajustements, expérimentations et validation sur le terrain.

Dans un monde en mutation rapide, il est vital de ne pas céder à l'immobilisme. Les défis sont nombreux, mais ils ne doivent pas nous décourager : ils sont aussi l'occasion de repenser nos structures, nos modes de vie et nos priorités collectives. Avec ces 35 réformes, l'objectif est clair : agir maintenant pour garantir un avenir plus juste, plus durable et plus solidaire.

Ce travail n'est qu'un point de départ. Le changement commence ici, mais il appartient à chacun de l'amplifier. Continuons à imaginer, débattre et construire ensemble une France à la hauteur de ses ambitions.

www.ingramcontent.com/pod-product-compliance
Lightning Source LLC
Chambersburg PA
CBHW051553250726
48653CB00004BA/1128